Zeitnotizen,

**Ein Nachschlagewerk
moralisch,
charakteristischer
Verhaltensproblemen
unserer Gesellschaft,
vor, im, und nach
dem Jahr 2000
nach Christus.**

Bibliografische Information der Deutschen
Nationalbibliothek:
Die Deutsche Nationalbibliothek verzeichnet diese
Publikation in der Deutschen Nationalbibliografie;
detaillierte bibliografische Daten sind im Internet über
dnb.dnb.de abrufbar.

© 2014 Alfred Heim
2. Auflage 2019
Umschlaggestaltung, Herstellung und Verlag: BoD –
Books on Demand, Norderstedt

ISBN: 978-3-7494-0434-6

Zeichen der Zeit

Unsere "christliche" Welt ist in Ihren wichtigsten
Bereichen geprägt von unchristlichem Verhalten,
vorwiegend egoistischem und materialischtem Denken,
falschen landeskirchlichen Glaubensinhalten (Dogmen,
Irrlehren) und dadurch mitgeprägten fragwürdigen
Lebensvorstellungen.

Die hier, als einem Nachschlagewerk, gesammelten
Zeitnotizen des Autors zeigen viele entsprechende
typische Fallbeispiele, geeignet zum persönlichen
Nachdenken.

Sie sind zeitlich (chronologisch) unabhängig aufgelistet,
und stammen aus seinen verschiedenen Lebenszeiten.
Der Leser möge entschuldigen, dass sich in diesen,
in verschiedenen Zeiten entstandenen Gedanken,
und angesprochenen Themen, oft viele Ausagen
wiederholen, da überall wieder zutreffend.
Ich denke, dass dies meist nicht schlecht ist;
weil wir aus Erfahrung wissen, dass man Kindern
richtiges Verhalten auch sehr oft wieder in Erinnerung
rufen muss, bis es endlich einen Lernerfolg bringt.

Zu den Gedanken unserer Zeit,
zu den Werken der Zeit,
sollen sie gut werden, gehört das Gebet!

Zu den in den Texten angeführten Werken findet der Leser
auf der letzten Buchseite mögliche Bezugsadressen.

4

Inhaltsverzeichnisse

"Das heutige Christentum schafft sich ab !"

Das Geistchristentum :
"Der Weg zur göttlichen Wahrheit !"

Allgemeine Themen

31. Januar 2010 (GW 5/2008 // 19.11.1969)
Das Weltenschauspiel

Unsere Welt,"die Erde" ist eine unaufhörlich
erschreckend Schauspiele bietende Bühne.
Mit der in den letzten Jahrzehnten sich rasant
entwickelten, Welt-Nachrichten vermittelnder
Medienlandschaft erfahren wir in sekunden-
schnelle über die täglichen Dramen aus
jeder Ecke unserer Weltenbühne.

Wie hören stets ohne Ende über die Schauspiele von
Krieg, Hunger, Elend verschiedenster Art,
Unterdrückung, Ausnützung ganzer Volksgruppen.
Es sind aber nicht immer dieselben Leute auf dieser
Bühne. Und kaum geht ein dramatisches Schauspiel
seinem Ende entgegen sind hinter den Kulissen schon
neue Dramen vorbereitet.

Als Schauspiele genannt, weil dabei zu viele Menschen
als Zuhörer, Zuschauer, Stille und Stumme sind. Und die
vielen Tausende, ja Millionen die da zuschauen und
zuhören und so stumm sind, sind sie wirklich machtlos ?
Welches ist die führende Macht, die es fertig bringt,
dass diese Bühne stets erhalten bleibt ? --

Diese Art von Schauspielen fanden schon seit
Menschengedenken statt. Die „Schauspieler" dieser
Dramen starben alle irgendwann einmal. Aber stets

kamen wieder „Neue" auf diese Weltenbühne und inzenieren immer wieder gleiche Dramen. Es muss doch eine zeitüberschreitende, im Hintergrund wirkende grosse Macht sein, die die Jahrhunderte, ja Jahrtausende währende „Dramentradition", ungebremst bewirktr. Eine Macht, die es in der Hand hat stets die „Neuen" für die Ausfürung solcher erschreckender Beispiele zu gewinnen.

Wer an einen weisen, allmächtigen, die Menschheit liebenden Gott glaubt, weiss, dass der Dramenregisseur nur <u>Gottes Widersacher</u> sein kann, der auf Grund der von Gott den Menschen geschenkten Willensfreiheit, viele von Letzteren zu seinen Werkzeugen zu beeinflussen vermag.
Dort liegt diese Macht. Diese lässt sich aber nur ausspielen, wenn Menschen einer falschen inneren Stimme folgen, einer Stimme, welche selbst Macht, menschliche Berühmtheit und Materialismus sucht.

----

1. Februar 2010, **Die Macht des Widersachers**

Der Mensch selbst ist nicht diese Macht. Er kann nur ihr Werkzeug sein. Wenn der Mensch sich, auf Grund seines freien Willens, weigert, sich distanziert für diese Macht Werkzeug zu sein, zerrinnt diese Macht und existiert nicht mehr.
Dann hat der Widersacher diese Macht nicht mehr.
Es wird das Ende seiner Widersacher-Tätigkeit zur Folge haben.

Dann wird sein Auflehnen gegen Gott und dessen
himmlischen Gesetzen keine Wirkungen mehr haben..
Was heisst das ? -- Wenn wir Menschen nach Gottes
Gesetzen leben, uns stets nach der inneren göttlichen
Stimme richten, entziehen wir dem Widersacher
Macht und Kraft.
Bei unseren Bemühungen, auf diese innere, göttliche
Stimme zu hören, werden wir von göttlich-geistiger Seite
unterstützt. Mit dem Gebet zu Gott wird Kraft und
Unterstützung dazu gefördert.
Das nur ist der Weg, den wir Menschen gegen die
schrecklichen Schauspiele auf der Erde gehen können.

Nun kann sich der Einzelne unter uns sagen,
„ Ja, das iat schon recht und gut; aber was bringt es,
der Verbesserung in der Menschheit, wenn ich mich
innerhalb dr rund 6'000 Millionrn Menschen (im Jahr
2000) als Einzelner stets um entsprechend moralisches
positives Verhalten bemühe.
Dabei muss sich aber gerase der Einzelne bewusst sein,
dass sich ein friedvolles und gerechtes Zusammenleben
in der Menschheit nur entwickeln kann, wenn er als
einzelner, trotz allen eventuell persönlichen Nachteilen,
die damit verbunden sein können, so konsequent wie
irgend nöglich, sich an derart vorbildkiches Denken und
Tun hält.

Gesellschaftliche Defizite
Unsere Gesellschaft zeigt trotz schon vothandenen
Bemühungen, vorwiegend in der notwendigen
moralischen und seelischen Betreuung, zu folgenden
Problemkreisen, noch grosse Defizite.

Dies betrifft: -- Behinderte, --Chronisch Kranke,
-- Aeltere und Pflegebedürftige, --Suchtkranke,
-- Suizidgefährdete, -- Gefängnisinsassen,
-- Schulausschlüsse von Problemkindern,
-- Geistige Wissenschaften, -- Gnosis.

Die Hinwendung unserer Gesellschaft ist für diese
Problemkreise leider oft nicht optimal genug,
wird z.teil gar kümmerlich beachtet. Vieles hängt
nur an finanziellen, materiellen Interessen. Ethik,
menschliche Hinwendungen, und geistes-wissen-
schaftliche Forschungen kommen zu kurz.

Fussball-Weltmeisterschaft 2010 in Südafrika

Das unmoralische Verhalten Einzelner zeigt sich schon
in kleinsten Dingen, Beispiel:

Im Achtels-Final spielte Deutschland gegen England.
Ein Torschuss von England gegen das Tor von
Deutschland prallt an die obere Torlatte und dann knapp,
aber eindeutig auf dem Boden hinter der Torlinie. Der
Torhüter fängt den dort aufspringenden Ball, und dreht
sich damit reflexartig über die Torlinie nach aussen.
Der Schiedsrichter übersieht das Aufspringen des Balles
hinter der Torlienie und gibt das Tor nicht.
Der Torhüter hätte nun echt sportlich-fairerweise den
Schiedsrichter sofort auf die Gültigkeit des Tores
orientieren können.
Im Interesse des für ihn und seine Mannschaft
resultierenden Gewinn-Vorteiles tat es das nicht.
Dies ist ein Beispiel einer, wohl kleinen Unmoral.

Aber die Achtung und das Vorbild einer diesbezüglichen
Ehrlichkeit wäre um einiges wertvoller gewesen als der
erschlichene Gewinnvorteil.
Das Spiel endete dadurch mit 1:0 für Deutschland.
Das deutsche Team kam so eine Runde weiter.
Korrekterweise hätte das Resultat nach der offeziellen
Spielzeit von 90 Minuten 1:1 geheissen.
Beim dazu notwendigen Penaltischiessen hätte England
die Chance gehabt, anstatt Deutschland eine Runde
weiter zu kommen. Das deutsche Team wurde so
Viceweltmeister.

Kommentar, Beurteilung zu solchem "Sportverhalten"
sei dem Beobachter überlassen.

Dies zeigt ein oft allgemein praktiziertes Verhalten
zugunsten eines persönlichen Vorteils.
Es gehört in eine bekannte "Schlaumeierweisheit":
Du darfs Dich wohl ungesetzlich vergehen,
sofern Du Dich dabei nicht erwischen lässt.
Das ist die "Christliche Moral".

**Ungesunde, die normale körperliche Leistungsgrenze
stets massiv überforderner"Spitzensport".**

Ganz allgemein entspricht der sogenannte „Spitzensport"
gar nicht dem sportlichen Grundgedanken von
Gesundheitsförderung. Allein schon die täglichen
Spitzenträningsleistungen sind alles andere als
gesundheitsfördernd.

Der Philosoph Bertold Brecht sagt dazu:

>> Der große Sport fängt da an,
wo er aufgehört hat gesund zu sein, <<

oder eine andere Wahrheit:

>> Sport: eine Methode,
Krankheiten durch Unfälle zu ersetzen <<

Dieser „Spitzensport" dient. vorwiegend den Leistungs-Belobungen, hohen Spielgagen und einem Starenansehen in der Allgemeinheit. Sehr viele dieser Sportstaren sind nach Rücktritt aus ihrer Sportart und speziell im anschliessenden Alter gesundheiltlich angeschlagen. Sie belasten damit Kranken- und Unfallversicherungen. Letztere werden auch durch die Allgemeinheit getragen, obschon der ehemalige Spitzensportler einstmals horrent hohe finanzielle Einsatzeinkünfte verbuchen konnte.

Die Schätzungen der Presse informiert, dass zum Beispiel die deutsche Bundesliga an acht ihrer Spitzenspieler Löhne von

monatlich total ca. 2,5 Milliarden Euro

ausbezahlt, das sind

ca. 30 Milliarden im Jahr.

Das heisst im Durchschitt pro Spieler über 300'000 Euro. Dabei erehielten zum Beispiel Ballack 583'000 und Roùl 600'000 Euro monatlich.

Im Fussballsport sind im Spieleinsatz laufend stets sehr
viele Verletzungen zu verzeichnen, die indirekt durch die
Allgemeinheit mitgetragen werden.
Eine andere Sache ist, speziell im Fussballsport, aber
auch bei andern stark publikumsbeliebten Wettkampf-
Sportarten, der sehr hohe nationale Stellenwert.

Der Zuschauer wertet gute Wettkampfresultate
als betont nationale Erfolge;
dies im Sinne von Abwertungen der sportlichen
Leistungen anderer Länder,

welch national absurde Bewertung.

 Die betroffenen Sportmannschaften stellen sich meist
durch Spieler verschiedener Nationen zusammen.
Sie werden gekauft.
Mannschaften, welche über grosse finanzielle Mittel
verfügen, zum Beispiel durch Sponsoren oder
staatlichen Unterstützungen,
haben die grössten Spielgewinnchancen.

Dort wo die nationale Zugehörigkeit der Spieler
verlangt wird, werden ausländische Starenspieler,
gegen das übliche Einbürgerungsgesetz,
schnell eingebürgert.
Es geht nicht mehr um gewünschten
Volksgesundheitssport mit nationalen Talenten.
Es ist auf Grund der Volksbeliebtheit
des Schausportes ein reines Geschäft.

Vandalismus / Brutalitäten

12. März 2010 Erinnerung eines Eingesandtes an den Bezirksanzeiger Fricktal
16. März 2016 "Club"-Dikussiom SF Schweizer-Fernsehen.

Im Bezirksanzeiger vom 14.Juli 2009 ersucht die Redaktion um Lesermeinungen hierzu. Mit der Feststellung der Zunahme des jugendlichen Vandalismus, nicht nur in unseren Städten, müssen wir leider realisieren, dass sich diese Zunahme in den folgenden Jahren noch steigern wird.

Nicht nur auf Grund der materiellen Schäden, sondern vordringlich zur Eindämmung von Verrohung und der sich stetig verbreitenden Entwicklung, und gar mutwillig brutalem asozialen Verhaltensweisen, sind wir gefordert Gründe und Ursachen zu erkennen und gegen diese anzugehen.

Wo Psychologen von geplant zielgerichteten, teils gar gruppenmässigem Verhalten sprechen, handelt es sich offenbar einerseits um das Abreagieren von schichtenmässig vorhandenen Frustrationen.

Diese sind meist genährt durch unerfüllte Entfaltungswünsche, Benachteiligungsempfinden, Mangel an persönlicher Beachtung, Aufkommen von Minderwertigkeitsgefühlen und Mangel an positiven Zielperspektiven, sowie das Fehlen von Wertachtungen.

Solche Entwicklungsdefizite, bei Jugendlichen zeigen
sich vorwiegend bei noch nicht lange aus dem Ausland
emigrierten Familien. Deren Jugendliche haben meist
sprachbedingte Integrationsprobleme. So haben sie beim
Schullehrprogramm viele Verständnisprobleme und
bleiben so bildungsmässig zurück. Oft sind sie auch aus
einem Land oder einer Landesregion gekommen in
welcher andere Erziehungs- und Kinderbetreuungssitten
und gesellschaftliche Kontaktbräuche üblich sind.
Dies beginnt schon bei der elterlichen Erziehung ihrer
Kleinkinder.

Es besteht meist keine vorschulische
Kindergarteneinrichtung. Wichtige Verhaltens-
gewohnheiten, wie zum Beispiel bei Tisch sittsam und
diszipliniert beizuwohnen, oder bei Informationen
konzentriert, ohne abzuschweifen zuzuhören.
Solche und ähnliche in frühester Jugendzeit zu erhaltende
Verhaltensmuster fehlen und erschweren später in der
Schule optimales Lernen. Je nach Schulfach verbleiben
gar erhebliche Lerndefizite. Dies betrifft aber auch
Jugendliche aus Schweizerfamilien, wo entweder beide
Eltern erwerbstätig sind, oder nur ein
„Alleinerziehender" Elternteil vorhanden ist.
Solche Kinder sind zum grossen Teil ungenügend betreut
und speziell für schulische Anforderungen weder geführt
noch unterstützt. In deren schulfreien Zeit sind sie allein,
und auf sich selbst angewiesen.

Der meist zeitlich und thematisch unbeschränkt freie
Zugang bei für Kinder ungeeigneten Sendungen der
Medien , wie Krimis, Horrorfilme, Verbrechens-

Informationen, Filme und Berichte über das Milieu,
sowie vielerlei Arten von Killerspielen. u.s.w, können
bei ihnen zu schlechten Lebensvorstellungen führen.

Sagt nicht Pestalozzi „Im **Kleinen** (Familie) muss
beginnen, was leuchten soll im Vaterland".

Und innerhalb seiner lehrenden Tätigkeit, zeigte er das
Vorbild einer, durch Familie und dem vermehrten
Erziehungseinfluss der Schule, möglichen Schaffung
eines Fundamentes für eine sozial gesunde
Verhaltensweise.

Mit einer ungenügenden Schulbildung haben solche
Jugendliche dann nur sehr beschränkte Möglichkeiten
eine Berufslehrstelle zu finden. Und wenn trotzdem,
dann meist nur in Berufen, die geringe Anforderungen
an ein abgeschlossenes Schulbildungsniveau stellen.

Diese Jugendlichen, die oft rein intelligenzmässig, in der
Lage sein würden eine erfolgreichere Schulbildung zu
erreichen, realisieren die Lage ihrer Chancen-
Benachteiligung. Meist haben sie Kontakte mit
Ihresgleichen, zum Beispiel aus demselben
Herkunftsland. Sie verbringen oft gemeinsam, ausserhalb
des Elternhauses ihre freie Zeit. Dabei sprechen sie auch
über diese, ihre unerfreuliche Situation. Aus ihrer
verständlichen Frustation entwickelt sich eine
Gruppenfrustration. Eine solche nährt Neid und
Enttäuschung gegen andere, denen es besser geht.
Konfliktneigungen sind so schon vorprogrammiert.
Man ist bereit ein Verhalten einzunehmen mit dem man
auch ein Beachteter ist, zum Beispiel mit

Zerstörungsbeteiligungen an öffentlichen Einrichtungen,
oder gar jemand Unbekannten zusammen zu schlagen.
Für sie resultiert eine Art Genugtuung so auch jemand zu
sein.

Bei ersten solchen Untaten steht der Vandalierende noch
in einer gewissen Angst, erwischt zu werden.
In der Gruppe ist diese Gefahr wesentlich kleiner.
So Vandalierende können meist nicht erwischt werden.
Dieses Resultat ist für den Vandalierenden ein
Erfolgserlebnis.
Er schreckt stets weniger davor zurück, so zu
vandalieren.
Und er kann seiner Frustation Genugtuung verschaffen.

Auf Pestalozzi zurück zu kommen, muss leider
festgestellt werden; die notwendigen vorbildlichen
Verhaltensweisen in vielen Familien zu propagieren und
zu fördern ist durch die heute vorwiegend materiellen
und wohlstandsorientierten Interessen eine Utopie.
Ein gesundes Familienleben und deren gegenseitige
Gemeinsamkontakte leiden zu sehr darunter.
Da diese Entwicklung nicht aufzuhalten ist, muss die
Allgemeinheit eine ausgleichende Jugendpolitik schaffen.
Diese Möglichkeit muss auch durch das Programm der
öffentlichen Schule erwirkt werden. Das bedeutet, dass
die Schule nicht mehr nur Lesen, Schreiben, Rechnen,
und möglichst viel Gedächtniswissen zu vermitteln hat,
um vorwiegend nur sogenannt Notenbeste zu
produzieren. Sie muss auch im ausgewogenen Umfang
speziell über Sinn und Pflicht zu sozialer Rücksicht und
Verhalten lehren und praktizieren. Dabei darf es nicht
vorkommen, dass wenn ein Lehrer sich entsprechend

persönlich engagiert, dass er von den (säumigen) Eltern gemassregelt, .oder gar verklagt wird. Auch müssten daher vermehrt Lehrer eingestellt werden, welche durch eine zweite Berufsbildung und damit mit praktischer Lebenserfahrung zum Lehreramt kommen.
Gleichzeitig dürfte die zulässige Anzahl Schüler pro Klasse nicht zu gross sein.
Ebenso ist es auch notwendig, dass auch in der Religionslehre mehr über Sinn und Aufgabe des menschlichen Lebens und Zusammenlebens gelehrt wird.
Im Weiteren gehören dazu auch im normalen Schulprogramm zusätzliche Animationsförderungen für sinnvolle Freizeitbeschäftigungen wie allg.Volkssport, Musik, Handwerk etc.

Wir (der Staat) müssten daher für die Schule, als Ausgleich der heute sich negativ entwickelnden Familienaufgaben, finanziell mehr aufwenden.

Dringend wird je länger je mehr, dass politische Verwaltungen und Schule mehr Mittel und Rechte gegenüber vandalierenden Jugendlichen bekommen.
Optimal wäre dabei eine Praxis bei der durch Vandalismus entstehenden materiellen Schäden inklusive Nebenkosten konsequent durch die Verursacher oder deren gesetzliche Vertreter beglichen werden müssten.

Der Mensch lehrt leider oft nur wenn er einen angerichteten Schaden
an sich selbst erfahren und
voll wieder gutmachen muss !

Für Delinquenten, welche andere Mitmenschen mutwillig und brutal angreifen und schädigen sind Bussen und materielle Entschädigungsverurteilungen nicht die einzigen und wichtigst richtigen Massnahmen.

Alle solche Jugendliche müssten in einer Erziehungsanstalt therapiert werden, und dies soweit, bis sie

- die Tragweite des zugefügten Schadens und der daraus resultierenden Notlagen der Geschädigten voll erkennen und verstehen;
- ein Mitfühlen erleben über den zugefügten seelischen und körperlichen Schaden, so, als wenn es dem Straffälligen selbst wiederfahren würde; und ehrliche Bereitschaft zur Wiedergutmachung, soweit dies möglich ist. Dies ist auch der tiefere Sinn der biblischen Aufforderung:

„Aug um Auge, Zahn um Zahn!"
(Mat. *5,38-41),*

das heisst, eine

***notwendige Anstrengung*
*durch den Schadenverursacher selbst.***

Solche Therapien sind nicht durch terminliche Vorgaben zu begrenzen. Das wäre ihrer Aufgabe nicht förderlich. Sie müsste sich allein nach den erreichten Therapiezielen richten.

Erfahrungsgemäss sind terminlich festgelegte
Gefängnisstrafen oder Anstaltsaufenthalte nicht
genügend wirksam.
Ein Delinquent richtet sich meist nur noch auf diesen
Termin ein, und nicht auf eine gewünschte Art von
Sozialisierung.

Wen wir nicht bereit sind im Sinne der oben erwähnten
Vorschläge neue gesellschaftliche Bedürfnisse ernsthaft
zu überdenken, und den hierzu notwendigen Aufwand zu
leisten, werden solche Entwicklungen, wie der
festgestellte Vandalismus, sehr bald unser
gesellschaftliches Zusammenleben in eine ernsthafte,
bald nicht mehr zu bewältigende Notlage bringen.

Die natürlichen Aufgaben eines gesunden familiären
Zusammenlebens und gemeinsamen Entfaltens werden
durch die laufend sich verändernden gesellschaftlichen
Strukturen von persönlicher Kontaktwelt, der Erziehung,
der Bildung und im Arbeitsmarkt je länger je mehr in
Mitleidenschaft gezogen. Speziell die Jugend reagiert
teils bewusst, teils unbewusst, frustriert und sucht nach
Ventilen und Möglichkeiten ihrer Beachtung.

Der gesellschaftliche Aufwand müsste zum Beispiel
folgendes enthalten :

- Keine bleibenden Aufenthaltsbewilligungen mehr
an Ausländer, welche nicht ein gutes Mass von
Deutschsprachkenntnissen haben.
Für Einwanderer müsste ein genügender
Sprachunterricht obligatorisch sein.

- Mitwirkung der Schule zu Menschenbildung und sozialem Gemeinschaftsdenken.

- Spezielle Betreuung von Problemkindern in Schule und Vereinen.

- Video-Ueberwachungsanlagen an von Vandalen besuchten öffentlichen und allgemein beliebt frequentierten Plätzen und Strassen zuhanden, von mehr Erfolg bei Dingmachung von Schadensverursachern.

- Datenkartei zuhanden von Verbrecherschutz.

- Schadenvergütungspflicht, Schärfferes Gesetz.

- Therapieentscheid in Erziehungsanstalt.
  Für einige Leser mögen solche Ueberlegungen und Vorschläge innerhalb ihres heutigen Wohlstandbeflndens utopisch klingen.
  Doch schlussendlich bleibt uns, das heisst der Gesellschaft, nichts anderes übrig als diese Zeichen der Zeit zu erkennen und durch alle politischen Gremien und Verwaltungen entschlossen Rechnung zu tragen.
  Utopisch wird das sein, weil dies unserer

Wohlstandsgesellschaft, unerem egozentrischem Denken zu viel Geld kosten

würde. Andererseits sind sie ein Hemmschuh dazu, billigere Arbeitskräfte aus dem Ausland einstellen zu können. Letzteres ist auch massgebend schuld daran, dass deren Frauen,

Mütter aus Verdienstgründen auch einer Erwerbstätigkeit nachgehen, und damit ein normales Familienlebenn mit den Kindern sehr erschwert oder gar undenkbar wird.

Erde und Menschheit, *eine göttliche Schöpfung* --- zur geistigen Schulung und Prüfung des Geistes. Gedanken 22.04.2002

Zeitschrift "Geistige Welt" 1971, Seiten 32-33.

- Der Mensch kann entgegen der Wahrheit lügen. Er kann auch unerkannt stehlen und betrügen. Er kann Verbrechen begehen, andere Menschen beherrschen, verleumden oder übervorteilen.
- Auf Grund dessen kann der Mensch von göttlicher Seite her über seine Ehrlichkeit, Rechtschaffenheit und Nächstenliebe auf dieser Erde geprüft werden.
- Der von dieser Welt abgeschiedene kann sich im geistigen Reiche nicht in der oben erwähnten Art verschulden. Die Untaten sind im geistigen stets aufgedeckt und entlarvt. Es gibt auch kein Geld, sodass viele Versuchungen im geistigen Dasein wegfallen.
- Die für eine Höherentwicklung der menschlichen Seele wichtige Schule betreffend der Standhaftigkeit gegen Versuchungen existiert im geistigen Reiche so nicht.
- Darin liegt einer der notwendigen Gründe der Schöpfung dieser Erde und des Menschseins.

Das auserwählte Gottesvolk damals und heute.

Warum hat Gott aus allen weltlichen Völkern damals
die Israeliten zum "Gottesvolk" auserwählt ?
(Gedanken Juli 2000, kein Anspruch auf Richtigkeit.)
Adam war der von Gott geschaffene erste Mensch.
Es war die Zeit um 249'000 Jahre vor Christus.
Geistig ist Adam einer der 24 ältesten Nachkommen
eines Erzengelpaares, also ein Himmelsfürst 1. Grades.
Siehe hierzu die Entwicklung der "Geistigen Völker"
gemäss dem Sinnbild des "Siebenarmigen Leuchters".
Als Mensch war Adam der Stammvater aller sich in der
Folge entwickelten Völker, wie diejenigen in Afrika,
Asien, Europa. Amerika u.s.w.
Im Anfang war Adam allein und hatte keine Erfahrungen
und Kenntnisse über seine Erhaltungs- besiehungsweise
Ueberlebensmöglichkeiten in der irdischen Natur.

Siehe dazu im Buch "Erkenntnisse zu Jesu"
ISBN 3 85516 004, Seien 45-48; GW 1975 Seite 140;
MEWO 1974, Seiten 85-107; MEWO 1978 Seite 72.

Dazu bedurfte er des Beistandes der höheren Welt.
Geistwesen setzten sich gemäss ihren gesetzlichen
Möglichkeiten medial mit ihm in Verbindung; zeigten
ihm das Herstellen notwendiger einfacher Werkzeuge,
das Bauen eines Obdaches, Schutz vor Witterung und
Tieren, Verwendung von Tierfellen und Gebrauch einer
Zeichensprache. So bestand zwischen Adam und später
auch mit Eva und den Himmelsboten, je nach Notwendigkeit, ein helfender Kontakt. Adam und Eva selbst
waren hellhörig und hellsichtig. Sie hielten sich auch an
die vorgegebenen göttlichen Gesetze.

Ihr Dasein ist nicht zu verwechseln mit dem früheren geistigen Paradies. Ueber ihre Kinder und deren Familien entwickelten sich im Verlaufe der Jahrtausende die verschiedenen Völker der Erde.
Zum Teil bewahrten solche Völker den Gottesglauben.
Viele verehrten jedoch im Verlaufe der Entwicklung anstatt dessen eigene Götter und praktizierten verschiedene Kultus- und Opferrituale.
Schon einer der beiden Söhne von Adam und Eva , Kain, brach die göttlichen Weisungen
und tötete seinen Bruder Abel.
Heute, wie auch schon zirka 9'000 vor Christi, bestehen Völker mit verschiedenen religiösen Anschauungen.
Viele verehrten mehrere Götter, dessen Gunst sie sich mittels Opfer (Tier- und Menschenopfer) erheischten.
Mit Orakelkult pflegten sie den Kontakt zu diesen "Göttern" (Geistern).
Vorfahren der Israeliten, Noah und seine Familie, die den Glauben an den einen Gott bewahrten, und ein vorbildliches Leben führten, wurden durch göttliche Weisungenn von der Sinthflut verschont
(zirka 8'500 vor Christi / siehe M91 119).
Abraham (um 2'200 vor Christi), ein späterer Nackomme Noahs stand infolge seines vorbildlich nach göttlichen Gesetzen ausgerichteten Lebens und Jahwa-Treue in der speziellen Gnade Gottes.
Der göttliche Plan sah vor, dass ein Messias der Menschheit die "Erlösung*, die Befreiung aus der satanischen Knechtschaft, bringe. Zur Vorbereitung auf die Zeit des kommenden Messias sollte ein gottesfürchtiges Volk aufgebaut werden.
Es ist anzunehmen, dass aus all den damals bestehenden Völkern, und deren religiösen Anschauungen und

Praktiken, Abraham mit seinen Nachkommen die beste
Gewähr für den Aufbau eine "Gottesvolkes" war.
Diese Ueberlegungen sind Antwort und Verständnis auf
den eingangs gestellten Titel. Gott schloss also mit
Abraham einen Bund (2198 vor Christus).
Und damit begann eine Epoche der Heilsgeschichte
(Siehe Buch "Salomo" von Robert Sträuli,
ISBN 3 85516007 4 Seiten 64, 90f. und 96);
die Heilsgeschichte, dessen Ziel auch die "Erlösung"
durch den Messias" beinhaltete.
Die chronologische Darstellung der Heilsgeschichte geht
aus dem Bild des "Siebenarmigen Leuchters",
(Bild von A. und S. Heim) hervor.

Zu diesem Bild besteht ein Film-Negativ, womit jederzeit
Abzüge in verschiedenen Grössen möglich sind.

Wie sich die göttlichen Hoffnungen auf das israelitische
Volk als "Gottesvolk" erfüllt haben, zeigt die Geschichte
gemäss dem "Leuchterbild" und die Geschichtsbücher
des Alten Testamentes der Bibel.
Einerseits brachte Israel viele von Gott berufene
Jahwa- treue Menschen, so die Propheten und Könige,
sowie die Jünger Jesu hervor.
Andererseits verfinsterten Pharisäer und Schriftgelehrte
mit ihren Schriftfälschungen, als Prophetenmörder,
mit den Kalbanbetern und dem jüdischen
Volksentscheid: *"Kreuziget ihn"*, die Geschichte Israels
und den Wahrheitsgehalt der biblischen Botschaften.
Aber trotz all diesen satanischen Einflüssen gegen die
Heilsgeschichte und die göttlichen Gesetze hat Christus
für die ganze Menschheit die *"Erlösung" gebracht.*

"Frieden", was kann damit verstanden sein?

Bei Jesu Geburt verkündeten Engel
den Menschen auf Erden "Frieden".
Siehe Luk. 2, 13-14 « Ehre sei Gott in den Höhen und
Friede den Menschen auf Erden, die guten Willens sind,
» und Joh.20, 19 » Friede sei mit Euch «
Christi Worte bei seinem Wiedererscheinen
nach seinem irdischen Tode.

Leider müssen wir feststellen, dass es auch nach der
Auffahrt Christi auf unserer Erde ununterbrochen laufend
Unfrieden, und Kriege gab, und noch weiter geben wird.
Wie hat denn Christus seine Botschaft
» Friede sei mit Euch «, verstanden ?
Bei dieser Frage wird uns klar, dass es bei der
Bezeichnung "Friede" um zwei verschiedene Dinge geht,
denn Christus hat mit diesen Worten nicht nur ein
einziges gewünschtes Anliegen verstanden.

Zum einen verstehen wir ein menschliches
Zusammenleben ohne Unfriede und Kriege.
Zum andern geht es um den für jeden Menschen
eigenen, "inneren Frieden", den "Frieden der Seele".

Dass es betreffend dem **ersten Verständnis des Wortes
"Friede"** in unserer Welt nicht gibt, ist nicht Gottes
Schuld. Hierzu wissen wir, dass Gott den Menschen den
freien Willen gegeben hat; dieses sein geschaffenes
Gesetz selbst nie verletzen wird. Es ist des Menschen
eigene Schuld, wenn er selbst Unfriede und Ktiege
verursacht.

1981 / 31. Mai: **Meine Laienpredigt** im Waldgottesdienst in Möhlin.

Liebe Kirchgemeinde, liebe Eltern, liebe Kinder,

*als Leitbild zum heutigen Wort dient unser gemeinsames Lied :"**Die goldene Sonne**".
(Das Lied Nr.77 aus dem damaligen Kirchengesangsbuch der Ref. Kirchen Aargau)*

*Ohne die wärmende, lichtspendende Sonne wäre auf unserer Erde nicht das geringste Leben möglich. Alte heidnische Völker haben darum die Sonne als ihre Gottheit verehrt.
Für uns ist sie ein Symbol für die Leben und Segen spendende Kraft Gottes, welche ununterbrochen und über alle Grenzen hinweg auf alles existierende Leben einwirkt. Heisst es doch in unserem Lied:*

**Mein Auge schauet was Gott gebauet,
zu seinen Ehren und
uns zu lehren wie sein Vermögen
sei mächtig und gross !**

*Die ewig, in jedem Augenblick immer zur Verfügung stehende Kraft Gottes ist uns Menschen eine derart unerschütterliche Selbstverständlichkeit, dass man sie in unserem alltäglichen Leben und Streben meist nur noch gedankenlos entgegennimmt.
So lange alles mehr oder weniger nach unseren Vorstellungen abläuft und es uns dabei einigermassen gut geht, sind wir uns gar nicht genügend bewusst, wie sehr unser Leben und*

*Wohlergehen von einer ununterbrochenen
göttlichen Leitung geführt ist. Im Willen Gottes liegt
aber viel mehr, als dass wir uns meist nur als
passive Geschöpfe Gottes unbewusst oberflächlich
leiten lassen.
So wie unsere Sonne eine grösstmögliche
Entfaltung unserer Pflanzenwelt erreicht,
so liegt es im Ziel Gottes, dass der Mensch eine
grösstmögliche, seelisch-geistige Entwicklung unter
der Führung Christi bekommt. Unerlässlich dazu
wird aber, dass wir uns ständig bewusst aktiv unter
diese göttliche Leitung stellen.*

*Die Natur gibt uns dazu eindrückliche Beispiele
und Vorbilder genug.
Eines der einfachsten Leben in unserer Welt,
nämlich unsere Pflanzen, wachsen gegen die
Sonne und richten ihre Blumenkelche nach ihr.
Das ist der Pflanzenwelt ihr aktiver Beitrag zu
innerem Wachstum und äusserer Entfaltung.*

*So mahnt uns die Natur ein gleiches zu tun,
indem wir uns tagtäglich bewusst nach Gott
ausrichten. Für uns Menschen heisst das nichts
weniger als sich mit täglicher Besinnung in seinem
Denken und Wollen im Gebet zu Gott zu öffnen.
Das Oeffnen sei einerseits ein Danken, andererseits
eine innere Bereitschaft für eine christliche Leitung
während der folgenden, täglichen Arbeit, im Kontakt
mit der Umwelt. In unserem Lied heisst es dazu :*

**Die besten Güter sind unsere Gemüter,
vor ihn zu treten mit Danken und Beten.**

Und weiter heisst es:

**Ich hab erhoben zu
Dir hoch droben all meine Sinne;
lass mein Beginnen ohn allen Anstoss
und glücklich ergehen.**

*Nur wenn wir regelmässig diese göttliche Führung
suchen, können wir eine grösstmögliche
Uebereinstimmung zwischen dem göttlichen Willen
und unserer praktischen Lebensführung finden.
Und die Krönung und das Endziel unserer täglichen
Verbundenheit zur göttlichen Führung sind unsere
Taten, unser praktisch christliches Leben,
so wie uns das Lied auch auffordert :*
**Dem Schöpfer bringen Güter und Gaben,
was wir nur haben,
alles sei Gotte zum Opfer gesetzt.**

Das heisst nicht nur **"Jeden Tag eine gute Tat",**

*sondern ständig, wenn es die Umwelt erfordert,
wirklich echt Christ und Helfer zu sein.
Je enger diese Uebereinstimmung zur
ununterbrochen in uns zur Verfügung stehenden
Kraft Gottes, das heisst je weniger unser
Lebensweg von dem uns gegebenen, innern
göttlichen Wort abweicht, je umfassender ist auch
unser innerer Friede.
Auf diesem Weg kann sich dann auch erfüllen,
was unser Lied am Ende der zweiten Strophe
verspricht, nämlich:*

**Und wo die Frommen dann sollen hinkommen,
wenn sie mit Frieden von hinnen geschieden.**

*Unter denen, die da als die Frommen bezeichnet
sind, gehören nicht nur diejenigen die lediglich viel
beten und hie und da, vielleicht, innerhalb einer
sogenannt guten Stunde, einmal etwas Gutes tun,
sondern gerade jene, welche sich tagtäglich aktiv
unter die Führung Gottes stellen. Unser christliches
Leben mit dem täglich helfenden Handeln innerhalb
unserer Umwelt bildet die Frucht unter dieser
göttlichen Führung, so wie die Blüten- und
Blumenpracht der Pflanzenwelt unter der
ununterbrochen spendenden Sonnenkraft zur
Frucht ausreift.*

*Anderseits müssen wir uns aber auch bewusst
sein, was für Gefahren wir uns aussetzen, wenn wir
das tägliche Gebet nicht pflegen. Denn es geht
dabei um viel mehr, als nur um ein blosses
Versäumnis von diesem bestmöglichen Lebensweg.
Auch da kann uns die Natur Hinweise geben.*

*Wenn der Himmel bewölkt ist und die wärmende
Sonne nicht mehr voll zur Verfügung steht,
schliessen einige Blumen ihre Kelche, als wollten
sie ihr wertvolles Inneres vor Schaden durch Wind
und Wetter beschützen. Diese Kraft für das Oeffnen
und Schliessen ihrer Kelche schöpfen sie aus ihrer
gespeicherten Sonnenkraft. Eine Pflanze, welche
meist abseits der Sonne steht verfügt nicht über
genügend gespeicherte Sonnenkraft.*

Eine wegen dauernd mangelnder Sonne schwache Blume welkt vorzeitig und vermag sich nicht mehr mit dem notwendigen Oeffnen und Schliessen dem Wetter anzupassen.

Für den Menschen heisst das aber, der regelmässig innere göttliche Kontakt gibt uns die notwendige Erkenntnis und Kraft den negativen Einflüssen dieser Welt standzuhalten.

So wie es im Lied heisst :

**Laster und Schande der Finsternis Bande,
Fallen und Tücke treib ferne zurücke,
lass mich auf Deinen Geboten bestehen.**

*Und da dazu sei auch an die Mahnung Jesu an seine Apostel erinnert,
siehe Matthäus 26, 41, wo es heisst:*

**Wachet und betet, auf dass ihr nicht in
Versuchung kommet,
der Geist ist willig, aber das Fleisch ist
schwach.**

Unsern Kindern lehren wir auch das tägliche Gebet, indem wir das Kind unter die Obhut seines Schutzengels stellen.

Das Unterlassen des sich täglich, bewussten Oeffnen mittels dem Gebet bedeutet nicht nur Stillstand in seiner seelisch-geistigen Entfaltung.

Es bedeutet, sich allen negativen Einflüssen und Gefahren auszusetzen, und dadurch früher oder später ein Fallen, ein Rückschritt, eine Verkümmerung von edleren, seelischen Eigenschaften.

Laster und Schande der Finsternis Bande, Fallen und Tücke verdunkeln Seele und Geist.

Mit unserem Wortschatz würden wir sagen: Unser Gewissen wird abgestumpft und die Seele gar verroht. Die Seele leidet Schaden, die Kräfte der göttlichen Führung haben schwerer durchzudringen. Wir vermögen die göttliche Führung in uns nicht mehr zu verspüren, wir empfinden eine Leere in uns. Wie vielen von uns geht es oft nicht auch so ? Es ist, als ob Seele und Gewissen von einem dunklen Nebel verhüllt wären, der die Sonne nicht mehr durchlässt.

Wenn dann eine Besinnung, eine Verinnerlichung aus irgend einem speziellen Anlass wieder eintritt, braucht es mehr Kraft und Zeit bis sich dieser verdunkelnde Schleier wieder auflöst, und sich die göttlichen Kräfte wieder aufnehmen lassen, und sich der gesuchte innere Frieden wieder einstellt, sich die göttliche Hilfe wieder spürbar macht.
In unserem Lied heisst es dazu:

Sein Heil und Gnaden
die nehmen nicht Schaden,
heilen im Herzen die tödlichen Schmerzen,
halten uns zeitlich und ewig gesund.

Das alles tönt so bildlich und wird darum nicht ernst genug genommen. Die Seele kann mit einer Pflanze verglichen werden. Die Pflanze strebt ständig nach der Sonne. Unser Herzenskelch, unsere Seele zu öffnen, vermögen nur wir selbst.

Wenn wir unsere Seele tagtäglich pflegen, ihr die richtige Nahrung geben, nämlich dem Segen und der Kraft Gottes nicht verwehren, wandelt sie sich von einer Schönheit zur andern und verblüht nie. Sie zeigt Grösse eines inneren Friedens und bleibt gemäss unserem Lied:

Mit Frieden von hinnen geschieden aus dieser Erde vergänglichem Schoss,

und das heisst, sie bleibt ewig. Liebe Anwesende, es wäre noch viel Wichtiges über das Gebet, die göttliche Führung des Menschen, über Zustand und Entfaltung unserer Seele, im Zusammenhang mit dem menschlichen Willen zu sagen. Leider ist die Zeit bei einem solchen Anlass zu kurz.

Aber wichtig für uns ist, nie zu vergessen, dass jeder Beginn eines christlich, positiven Lebens das tägliche Gebet, das bewusste Oeffnen unserer Herzen zu Gott, begleitet von dauernd guten Taten ist.

Dass sich die Mahnung der Schluss-Strophe
unseres Liedes erfülle:

Sonsten regiere mich,
lenke und führe wie Dir's gefället;
ich habe gestellet alles
in Deine Beliebung und Hand.

Und eine unserer grössten und wichtigsten
Verpflichtung dabei ist, dass wir unsern Kindern das
tägliche Gebet lehren und zur Gewohnheit werden
lassen.
Es bildet für den heranwachsenden Menschen den
Anfang zu einem Leben mit christlich-positiver
Einstellung, als konstante Lebenshaltung.
Wir können die Tatsache nicht genug ernst
nehmen, dass die täglich bewusste Unterstellung
unter eine göttliche Führung das unbedingte
Minimum ist für die Kraft eines christlichen Lebens.
Erst daraus fliesst uns die göttliche Kraft zu, die uns
gleich der Natur nach dem göttlichen Licht weiter
wachsen und erstarken lässt.
Abschliessend, liebe Kirchgemeinde können wir
zusammenfassend im Sinne der
neutestamentlichen Mahnung aus
Matth.11, 15 nur noch sagen:

Wer Ohren hat der höre,
und Gott helfe uns zur Einsicht und Kraft,
sein Wort richtig zu verstehen
und nie zu vergessen.

Die Hilflosigkeit der Medizin, Sterbende zu trösten.

Die Medizin führt ihren Kampf gegen den Tod. Sie versucht die Krankheit zu bannen und das Leben zu verlängern. Trotz der sicher erwähnenswerten Teilerfolge der Medizin ist die Todesstunde für alle Menschen unausweichlich. Mit dem Ableben des Patienten hat die Schulmedizin ihre Pflicht erfüllt. Da sie hauptsächlich auf das Körperliche ausgerichtet ist, besitzt die Medizin nicht die Möglichkeit und Kompetenz in Bezug auf das Leben nach dem Tode mitzureden. Hieraus erwächst die Kraftlosigkeit der Medizin am Sterbebett.
Die von der Evolution geprägte Medizin verwirft meist den Gedanken an ein Weiterleben nach dem Tode. Als vom Tode besiegt, hat sie den Hinterbliebenen keinen Trost anzubieten.

---

9. März 2010 Sitz des Gedächtnisses

Da war kürzlich mit einem Professor der Neurologie eine Diskussion in der
TV-Sendung "Kaffee oder Tee" über Gedächtnis , Speicherfähigkeit des menschlichen Gehirns und der Vergesslichkeit.
Der "sachverständige" Professor ordnete alle Gedächtnis-Speicherfähigkeiten dem Medizinisch-Physikalischen Aufbau des Gehirns zu. Dazu bezeichnet er zum Beispiel verschiedene Gehirnpartien als Orte des Kurzzeit-, oder des Langzeitgedächtnisses.

Nach seiner Theorie ist die Gedächtnisspeichrung und
der entsprechende Speicherort eine reine Funktion der
Gehirnzellen.
Doch der "geistig Wissende", der über Zusammenhänge
zwischen menschlichem Leben und dessen vorherigen
und auch nachherigen ausserirdischen Leben orientiert
ist, kennt den "wahren " Gedächtnisort" des persönlich,
menschlichen Geistes.

Gemäss diesem Wissen ist das Gehirn betreffend
Gedächtnisspeicherung neben anderen körperlichen
Aufgaben eine Art Transmitter zwischen Geist (Seele)
und dem menschlichen Bewusstsein.
Unzählige mediale Durchgaben der "Geistigen Welt"
zeigen gottgläubigen Menschen die, über den
menschlichen Tod hinaus, unzerstörbare Speicherung
aller von einem Menschen in seinem Leben getätigten
Gedanken, Worten und Taten.
Es zeigt einer von Gott beauftragten und beurteilenden
"Geistigen Führung" das durchlebte menschliche Leben
mit all seinen geistig positiven und negativen
Geschehnissen.
Es dient der Erkenntnismöglichkeit.
"Was war im vergangenen menschlichen Leben **falsch,**
oder **richtig, gut** oder **schlecht.**

Es offenbart ein Abschlusszeugnis über die soeben
vergangene Lebenszeit-Schule.
Es ist Grundlage zur Promovierung in eine neue,
entweder höhere Lebenszeitschule, oder einer Art
Wiederholung der vergangenen Lebenszeitschule
("Klassenstufenwiederholung").

Von Gott zugelassene und geführte, mediale Durchgaben von Verstorbenen an Menschen geben Zeugnis von der ewig unzerstörbaren Speicherung der Geschehnisse eines Menschen. Sie liegt unlöschbar in seiner Seele.

Die göttliche Führung kann sie jederzeit erkennen.

Die weltliche Wissenschaft steht dabei mit Ihrem "Pseudowissen" noch arg im Rückstand.
Sie hat dies vor allem Ihrem gleichgültigen Gottesglauben, ihrer menschlichen Ueberheblichkeit und einem konfessionellen Festhalten an kirchlichen Irrlehren zu verdanken.

Es wird noch lange-lange Zeiten brauchen, bis die heutige weltliche Wissenschaft nur noch echt Christliche Wahrheiten sucht und vertritt.

Kommentar zu den hier aufgezeigten "Allgemeinen Themen-Beispielen"

Diese Beispiele zeigen wie sehr wir Menschen praktisch in allen Lebensbereichen aus vorwiegend egoistischen Gefühlen, überwiegend nach Stimme des Widersachers denken und handeln.
Unsere Hilsbereitschaften an Hilfsbedürftige aller Art sind trotz vielen verschiedenen öffentlichen Hilswerken lediglich ein Tropfen auf einen heissen Stein;
nicht bereit die dafür immens benötigten finanziellen und persönlich zeitlichen Aufwendungen zu leisten.

Mit gelegentlichen Spenden und persönlichen Arbeits-
einsätzen von nur Einzelnen für Hilswerke, beruhigen
wir unser soziales Gewissen. Analog zu verschiedenen
antiken Völkern haben wir heute unsere eigenen
verehrten Götzen Sie heissen heute
"Weltliches Wissen", "Hoher Lebenskomfort",
"Karriere", "Vergnügungen aller Art", "Mammon",
"Gesellschaftliches Ansehen", "Politische Macht"
Die Kirche vermittelt heute lediglich einen Pseudo-
glauben, vermisst wichtigste Inhalte des "Woher und
Wohin", und des tieferen Lenenssinns des Menschen,
sowie über das Geistwissen, das einst die Jünger Christi
im sogenannten Urchristentum besassen. Die Kirche will
selbst Gott sein und sagen was für biblische Ausagen
man wie zu verstehen hat (Dogmen, Irrlehren).
Kirche ist bei ihnen ein steinernes Gebäude.
Lebendiger Glaube kommt von innen, vereint mit echt
christlichem Lebenswandel.
Das folgende Kapitel geht auf das heute, begründet auf
die oben geschilderten Tatsacehen,
auf die Dauer nicht mehr haltbaren Christentums ein.
Ich bitte aber den Leser nicht zu erschrecken, wenn in
den aufgeführten Beispiele immer wieder, oft und oft
gleich wiederholend, der wahre Sinn des menschlichen
Lebens, dessen notwendige, edle Tugenden und
gesellschaftlichen Hifeeinrichtungen, in Erinnerung
gerufen werden.
Bei fast allen Beispielen sind es stets dieselben
notwendigen Forderungen.
Damit werden wir uns bewusst, wie wichtig diese und
deren Vertiefung in unser ständiges Bewusstsein und
Gewissen sind!

"Das heutige Christentum schafft sich ab !"

Gespräch mit dem Reformierten Pfarrer in Stein.

August 2010

Vororientierung.

Mitglied der Evangelischen Kirche ist nur meine Frau
Gerda. Ich bin vor 26 Jahren aus dieser Kirche
ausgetreten.
Nun bin ich 83 Jahre in dieser Erde, genannten Welt.
Für den Fall eines Ablebens von mir habe ich alle Dinge
geordnet, dass meine Frau mit allen finanziellen,
amtlichen, sowie den diversen notwendigen Institutionen
etc. gut zurechtkommt.

So erkundigte ich mich auch beim Evangelischen Pfarrer
unserer „Kirchgemeinde Stein und Umgebung", wie in
einem solchen Falle für mich, als Nichtmitglied der
Kirche eine Abdankung möglich wäre.
Vielleicht fragt der Pfarrer dann, warum ich seinerzeit
aus der Kirche ausgetreten bin.

Dazu könnte ich ihm folgendes sagen :

Für das Führen eines christlichen Lebens brauche ich
keine konfessionelle Legitimation.

Er sagt mir dann wahrscheinlich. Der Mensch brauche
dazu die biblische Führung und geistige Begleitung durch
religiös berufene und theologisch geschulte Mitglieder
unserer Gesellschaft.

Das wäre ja wunderbar, wenn die theologische Schulung und damit der kirchliche Auftrag der Führungsgremien der Reformierten Kirche nicht mit so vielen Glaubens-Irrtümern, zumTeil Dogmen, sowie grossen Wissens-Mängeln, über die Ursachen und Gründe der durch Gotteskraft geschaffenen Menschheit behaftet wäre.

Luther, und weitere Reformatoren, haben mit manchen Irrlehr-Dogmen ausgeräumt.
Doch es bestehen leider immer noch,.viele falsche Glaubens-Inhalte.

Ein „Zweiter Luther" muss zur Erkenntnis und Ausmerzung dieser in der heutigen Kirche noch vebliebenen Irrlehren und Wissensmängel zusätzlich auch erscheinen.

Das ist aber deshalb ein grosses Problem, weil für die Evangelische Kirche die heutige Bibel die absolute und praktisch alleinige Grundlage für Ihre christliche Botschaft und deren Auslegung ist.

Die heutige Bibel vermisst aber zu vielen Fragen der Christen wichtigste Wahrheiten und göttliche Botschaften, wie sie die Urchristen durch den „Geist der Wahrheit" erfahren durften.

Was heisst das? : Betrachten wir dazu einmal die ursächliche Herkunft der biblischen Schriften und deren Entwicklung im Laufe der verflossenen Jahrhunderte vor und nach Christi.

Die einst von Propheten geschriebenen Bücher des
Alten Testamentes wurden bald durch die israelitische
Priesterschaft und Schriftgelehrten eigenmächtig,
nach eigener Auslegung und Interessen, geändert.
Dies brandmarkten zu verschiedenen Zeiten die
Propheten Jesaja und Jeremia. Dafür wurden sie,
und auch andere Menschen, die solche Aenderungen
anprangerten, von der Kirche „Im Namen Gottes" -
grauenvoll umgebracht.
Das heutige Alte Testament bleibt noch mit diesen
Verfälschungen behaftet und entstellt.
Das Neue Testament findet seine Quelle in den Urtext-
Originalen der ersten Christen, den Urchristen.
Gemäss dem Versprechen von Christus,
dass er den „**Geist der Wahrheit**" senden werde,
empfingen die Urchristen wertvolle göttliche Botschaften
mit Inhalten wie:

a) Hinweise zu einem gottgrechten menschlichen
   Lebensverhalten;
b) Belehrungen über Ursache und Sinn des
   menschlichen Lebens;
c) Offenbarungen über die Geistige Welt
   (Engelswelt);
d) Erklärungen zu den von Christus vorgebrachten
   Gleichnissen und "Herrenworte".

Zu a): Dazu gehört vor allem absolute Ehrlichkeit,
   welche keinerlei Lügen, keine Vortäuschung
   falscher Tatasachen zulässt, oder wettbewerbs-
   mässig nicht nur über Vorteile, sondern auch
   über begleitende Nachtelle und Risiken
   orientiert.

Die heutige sogenannte Christenheit verstösst
gerade im letzteren Fall in wichtigsten
Bereichen massiv dagegen. Denken wir nur an
die übertreibende Reklame-Praxis, die
Suggerierung fragwürdiger Vorteilschancen von
Kaufsangeboten, politische Zielbegründungen,
Kavaliersdelikten, Ausnützung von Gesetzes-
Lücken und ursprungs-widersprechende
Auslegungen politischer Gesetze.
Unsere Gesellschaft strotzt von derartigen
Unehrlichkeiten.
Und diese sind offeziell legitimiert.

Was für eine scheinheilg-christliche Gesellschaft.

**Diese weltliche Christenheit hat nicht begriffen,
dass die von Gott geforderte Ehrlichkeit bei den
kleinen Dingen beginnt.
Wie soll man fähig sein in grösseren Problemen
echt christlich zu leben,
wenn man in den kleinsten Dingen
nicht fähig ist dazu.
Und warum tritt die
konfessionelle Kirche nicht gerade
für diese grundsätzlich christliche
Ehrlichkeitsforderung ein ?**

Zu b) Die Kirche ist nicht in der Lage Orientierung zu
geben über den Grund, weshalb Gott
neben der jenseitig immens grossen heiligen
Engelswelt (siehe Bibel) eine irdische, mit
Unvollkommenheit gezeichnete Menschheit
geschaffen haben soll.

Ein echter Gottesglauben kann nicht bestehen mit
einem Akzeptieren, Gott, der höchste,
weisenste, nur Gutes Schaffende, hätte
unvollkommene, sündhafte Wesen geschaffen.
Wo liegen die Ursachen einer sündhaften
Menschheit ?

Die Kirche kann es nicht sagen. Sie weiss es nicht!
Sie verdreht auch die Tatsache der in der Bibel
beschrieben, menschlichen Wiedergeburt,
das mehrmalige, menschliche
"Neu auf die Welt kommen" (Inkarnation).

Die Kirche deutet dies nur als eine geistige
Bekehrung innerhalb eines einzigen Lebens.
Sie kennt auch nicht die Zusammenhänge von
menschlich verschiedenen Schicksalen,
Gesundheitsunterschieden, geistigen Fähigkeiten,
und völkermässigen Zugehörigkeit .
Sie kann keine klare Antwort geben über das

"Woher und Wohin" des Menschen.

Zu c) Die Kirche weiss auch nichts über Aussehen,
      Gliederung und Aufgaben der Heiligen, der
      unter Christi Führung bestehenden Engelswelt.

Zu d) Die kichlichen Auslegungen zu den Gleichnissen
      und Christi Herrenworte sind auf Grund
      der in den Punkten b) und c) aufgeführten
      Unkenntnissen oft falsch.
      Dies oft auch, weil vieles nur im weltlichem,
      statt im geistigen Sinne verstanden sein will.

Warum ist das so?

Die konfessionelle Kirche versucht sich primär an die
Bibel, der sogenannten "Heiligen Schrift* zu halten.
Diese, die wie oben schon festgehalten, im Verlaufe der
vergangenen Jahrhunderte, beim Neuen Testament,
speziell auch der ersten Jahrhunderte nach Christi,
Aenderungen, Streichungen, willkürlichen neuen
Texteinfügungen, durch aufkommende weltliche
Kirchengewaltige, durch Sinnverständisse der
Uebersetzer und verschieden lautenden Auslegungen der
Bibeltexte, zu vielen Irrlehren und auch krass den
Wahrheiten widersprechenden Dogmen führten.
Als sekundäre, und teils verfälschte Religions-Quelle
vermisst sie viele wichtigste göttliche Botschaften.
Eine der Folgen davon sind allgemein übliche Sprüche
wie:

"Wir leben ja nur ein Mal!",
"Nach dem Tode ist alles aus;
"Es ist noch keiner zurückgekommen!"

Viele Lieder sind geprägt, von solchen Sprüchen,
auch theatralische Darstellungen, grundsätzliche
Lebenshaltungsvorstellungen, und vor allem falsche
Meinungs-Bildungen in menschlichen Lebensbereichen.

Es gibt nur eine primär untrügbare Wahrheitsquelle,
diejenige, welche die Urchristen seit dem bekannten
Pfingst-Geschehen, gemäss dem Versprechen Christi,
er werde **"den Geist der Wahrheir senden"**,
erfahren durften.

Diese Worte Christi haben noch heute Gültigkeit!
Heisst es doch:

"Seine Worte werden nie vergehen!"

Warum verbietet die konfessionale Kirche mit der
irreführenden Mahnung

"Du sollst die Toten nicht befragen"
jeglichen medialen Kontakt zum
"Geist der Wahrheit" ?

Mit diesem Verbot bestätigt sie ja diese Möglichkeiten.
Dies in der Meinung, dass man dabei teuflische
Kontakte anknüpfe.

Es ist höchst widersprüchlich, dass sie dabei Kontakt-
Möglichkeiten zur Göttlichen Welt nicht erkennt.

Was für ein verhängnisvolles,
Christi Versprechen, leugnendes religiöses Verbot.

Nebst all dem muss man auch erkennen, dass es neben
den Kirchengängern, die durch ihren Kirchenbesuch
einfach gesehen werden wollen
(wenn auch oft halb unbewusst),
auch christlich ernsthafte Kirchgänger und Prediger gibt.

Diese retten noch teils die würdige Athmosphäre in den
weltlichen Kirchenbauten.

Brief an Pfarrer Wilson der Evangelischen Kirchgemeide Möhlin 6.November 1960 .

Unserem Herr Pfarrer möchte ich hiemit nochmals danken für seine Worte anlässlich der Aufnahme von Frau Handschin und mir als neue Kirchenpfleger. Diese Worte veranlassten mich zu einigen Gedanken, und es drängt mich, diese im Kreise unserer Kirchenpflege kund zu tnn. Wir alle sind uns dessen bewusst, dass, wie unser Herr Pfarrer schreibt

„Misstrauen und Trennung zum Menschenleben in der Welt einfach gehören",

und dass in der Kirche die *Herrschaft* Jesu Christi die grundlegende Richtschnur sein muss.
Nun darf man aber mindestens in den Ländern des Christentums von jedem Mitchristen erwarten, dass er die Forderung der Herrschaft Jesu Christi in seine persönliche Welt hineinträgt, sei dies nun in der Familie oder im öffentlichen Leben.
Das Christentum ist eine Botschaft nicht nur isoliert für den Einzelnen, sondern für die Gesellschaft der Christenheit. Wenn der Mensch in der Christenheit diese Forderung nicht anerkennt, dann kann er höchstens noch ein Scheinchrist, aber kein reohter Christ mehr sein.
Das bedeutet ganz klar, dass z.B. im Staatsleben der Christenheit keine anderen Herren, bzw. Interessen, als die Lehren von Jesus Christus die Führung haben dürften.

Wenn aber beim Staatsleben in der Christenheit andere Herren und Interessen die Führung haben, und das Christsein sich lediglich auf die religiöse Kirche

beschränkt, dann hat das Christentum seine Aufgabe
nicht erfüllt. Persönlich möchte ich mich nicht äussern,
ob heute in der Christenheit dieser Zielsetzung
nachgelebt wird oder nicht.
Das möge jeder versuchen sich selbst zu beantworten.
Wenn es nicht der Fall wäre, so wäre dies sicher ein
wesentlicher Grund für den Rückgang auch des
"kirchlichen" Lebens in vielen christlichen Ländern.

Für das praktische Leben des Christen
gilt doch auch das Leitwort:

"BETE UND ARBEITE"

Würde man nun beispielsweise einen Teil des Betens
einem Teil des kirchlichen Lebens gleichsetzen,
so müsste man anderseits das Arbeiten auch mit dem
praktischen-christlichen Einsatz in der Gesellschaft,
also im öffentlichen Leben gleichsetzen.
Beten allein, in diesem Sinne "kirchliches Leben" allein
bewirkt kein wahres Christentum.
Muss die Betonung einer christlichen Führung speziell in
direkt-kirchlichen Tätigkeiten nicht als Mahnsignal eines
zwiespältigen Christentums verstanden werden? —
Ist sie nicht ein Zugeständnis dafür, dass für die
allgemeine Christenheit das Christsein in Gesellschaft
und Kirche zwei unterschiedliche christliche Gewissen
aufzeigen?
Wir müssen uns dabei wieder einmal deutlich darauf
besinnen, dass Kirche im christlichen Sinne nichts
anderes heisst, als Herrschaft Gottes.
Kirche heisst also nicht Konfession, Kirchengesetze,
Liturgie oder gar kirchliche Gebäude.

Dies alles sind nur äussere, menschliche, hauptsäehlich organisatorische Hilfsmittel.

Die Gefahr, dass die Ueberbetonung dieser Hilfsmittel zu Irrwegen verleitet, ist ständig gross und ist sicher einer der Gründe der fortlaufenden Zersplitterung im Christentum. Und diese Zersplitterung ist es hauptsächlich, welche der Wirksamkeit eines praktischen Christentums in der Gesellschaft schadet, und damit die festgestellte Zwiespältigkeit des Christentums zwischen Kirche und Oeffentlichkeit verschuldet. Aus all diesen Ueberlegungen heraus muss es für eine Kirchenpflege die erste Aufgabe sein, eine christliche Führung in das öffentliche gesellschaftliche Leben hinaus zu tragen, die Herrschaft Gottes allen religiösen Mitteln voranzustellen und allen oekumenischen Zielrichtungen hohe Priorität zu geben. Eine solche Zielsetzung verhindert auch, dass sich umgekehrt rein weltliche Interessen in die Kirche und deren menschliche Leitung einschleichen könnten. Dies war, wie unser Herr Pfarrer in seinen Worten schon erwähnt hat, ganz ausgeprägt in den Zeiten vor der Reformation und bildet nach wie vor eine ernste Gefahr im Christentum.

Aber wir dürfen uns auf keinen Fall nur auf die Heilighaltung der Kirchengewalt beschränken, sonst fördern wir Isolierung und die Zwiespältigkeit im Christentum.

Wir müssen **HINAUS** und in allen Aufgaben innerhalb der christlichen Geseflschaft ein praktisches Christentum zu leben anstreben, und vor allem in Sinne einer Vereinigung aller Christen unter einer, von Konfession befreiten, Führung durch Jesus Christus wirken.

Gedanken zum "Ave Maria" in Liedern

Brief an Dirigent, Vorstand und Musikkommission des Männerchores Zeiningen (Aug. 2010).

Gestern (19.08.2010) hörten wir, dass der Pfarrer der nichtrömischen Kirche mit einem für den Bettag ausgelesenen Lied mit einem Textanteil "Ave Maria" nicht einverstanden ist.

Da ich schon seit meiner Jugendzeit mit Religions - Fragen konfrontiert bin, und mit Religions-Geschichte befasse, kenne ich auch die Hintergründe von Pfarrers Haltung. Ich denke Verständnis tut Not und deshalb möchte ich Euch darüber wie folgt informieren, Maria wurde von Gott und Christus, als ein Wesen aus der Engelswelt, für diese Aufgabe, Mutter von der Menschwerdung Christi, zu sein, auserwählt. Deshalb wurde sie in ein menschliches Leben gesandt. Sie war eine überaus gottesfürchtige, ehrsame, einfache Frau. Als Mutter auch weiterer Kinder, war sie oft sehr besorgt um ihren Sohn Christus, denn speziell während seiner öffentlichen Lehrjahre war er stets von Seiten der Pharisäer und Schriftgelehrten stark gefährdet. Sein schmerzvoller Kreuzestod war für sie ein äusserst leidvolles Erleben. Für Christus selbst waren die Festnahme, die Geisselung, das Aufsetzen der Dornenkrone, die weiteren leiblichen Qualen, und schlussendlich der Kreuzweg und die Kreuzigung nicht die grössten Qualen.

Christus wurde dabei, auf Grund seiner Erlösungs-Aufgabe, seitens des göttlichen Widersachers geistig

derart bedrängt und gequält, wie es kein anderer Mensch
vorher oder nachher je erlebt hat.
Dies vernochten die Menschen von dazumal, und auch
Maria selbst nicht sehen.
Für Maria war dies ein leidvolles Erleben, wie es viele
andere Mütter, deren Söhne qualvoll gequält und
ungebracht wurden, auch erleiden mussten. Für eine
Aufzählung solcher Geschehnisse, nicht nur aus der
Antike, sondern bis in unsere Zeiten hinein, könten wir
kein Ende finden. Als einzelne Beispiele seien die 6000
von den Römern besiegten Spartaner erwähnt, welche 73
vor Christi alle entlang der Via Appia ans Kreuz
geschagen wurden.
Oder die von 30'000 entflohenen Sklaven wieder
dingfest gemachten, gekreuzigt wurden.

Eine Kirche bezeichnet Maria sogar "Mutter Gottes".
Gleichzeitig erhebt sie das Dogma, Trinität genannt,
Gott, Christus und der Heilige Geist seien eine Person.
Wie kann es denn sein, dass Christus während seinen
öffentlichen Lehrjahren stets von Gott, seinem Vater
gesprochen hat. Wie kann es denn sein, dass Christus
kurz vor seinem Verscheiden am Kreuz schrie:
"Mein Vater, warum hast Du mich verlassen?"
Die Bibel zeugt viele Stellen, dass Christus der
eingeborene Sohn Gottes ist.
Die Bezeichnung "Mutter Gottes" hängt mit dem von
Menschen geschaffenen Dogma der "Trinität"
zusammen. Dieses Dogma ist falsch.
Da aber so viele Menschen eher zu Maria, als zu Gott
und Christus beten, ist dies eine Art von Verhöhnung
gegenüber Gott und Christus.

Im weitern lehrt uns die Bibel, dass es vor Gott keine
Bevorzugten gibt. Vor Gott sind alle gleich.

Bibel: "Es gibt keinAnsehen der Person!"

Wenn Menschen grosse wertvolle Taten vollbringen,
oder göttliche Vorbilder sind, gehört das Lob der Tat,
beziehungsweise der Vorbildshaltung, nicht der Person.
Die Selig- und Heiligsprechungen, die gewisse Menschen
proklamieren, sind nicht nach Gottes Willen, sie sind
Menschenwerk.
So ist auch die Heiligverehrung von Maria,
die Erhebung zur Mutter Gottes, ein Menschenwerk.

Das sind die Gründe, warum zum Beispiel die
evangelischen Kirchen, einerseits wohl grosse
Hochachtung gegenüber Maria pflegen, andererseits aber,
solche Dogmen und Heiligsprechungen verurteilt, und
Lieder mit entsprechender Lobpreisung von Maria nicht
gutheissen kann.
Ich hoffe, Ihr versteht damit das Nicht-Einverständnis
des Pfarrers. Es gibt noch viele ähnliche
Dogmenprobleme und Fehlinformationen der Kirche.
Für alle, welche an dieser Thematik interessiert sind,
habe ich das Buch geschrieben "

**"Willst Du die Wahrheit,
und nichts als die Wahrheit wissen?".**

Darin orientiere ich auch über die Wissens-Quelle.
Damit grüsst Euch Sänger-Kamerad Alfred Heim.

Himmel und Engelswelt.

Was sagen unsere „ christlichen „ Landeskirchen dazu ?

Beispiel:

Im Schweizerischen **Militärdienst** werden zur religiösen Betreuung der Wehrmänner gesetzesgemäss auch Geistliche der Landeskirchen einberufen. Diese leiten dann auch die innerhalb der Militärdienstzeit durchgeführten internen Gottesdienste. Dabei erlebte ich eine im Freien gehaltene, sogenannt religiöse Diskussionsstunde, die gemeinsam von einem

katholischen und einem protestantischen Pfarrer durchgeführt wurde.

Unter Anderem kam von den Soldaten die Frage, ob es tatsächlich Engel und einen Teufel gäbe.

Zu meiner Verwunderung standen beide anwesenden Geistlichen zur Auffassung, dass es weder einen Teufel noch Engel gäbe.

Die Bibel nennt in mindestens 400 Fällen die Engel, sowie die Cherube (Cherubine), die Saraphe (Seraphine), die Erzengel, die Sieben Söhne Gottes und in zirka 600 Stellen den Geist oder den heiligen Geist.

Das bedeutet, sie bezeugt in zirka 1000 Stellen die Existenz einer geistigen Engelswelt.

Wie können nun sogenannte «Geistliche» der christlichen Kirche die Engel und damit die jenseitige Engelswelt (Himmel) als nicht existent erklären?

Grosse, genial begabte Menschen bezeugen ihr Wissen über die Existenz der Engelswelt, zum Beispiel:

M.Chagall (1887 - 1985),
bekannter russischer Maler und Graphiker schreibt:
« Wer mit den Engeln zu leben vermag, lebt anders als der, dem dieser Trost versagt ist. Ohne die Engel sind wir um viele Erfahrungen ärmer.»

Elisabeth Kübler-Ross,
Pionierin für Sterbebegleitung und Sterbehilfe, über Engelwesen:
« Jeder Mensch hat solche Begleiter, ob er daran glaubt oder nicht. Es ist unwichtig, welche Beziehung wir ihnen geben. Aber es ist wichtig zu wissen, dass jeder einzelne Mensch, vom Moment an, wo er den ersten Atemzug tut, bis zu dem Augenblick, wo er sich der Verwandlung hingibt, von Geistführenden und Schutzengeln umgeben wird.»

Nelly Sachs (1891 - 1970), Schwedische Dichterin und Nobelpreisträgerin schreibt:
« Sagen wir doch nicht, es gäbe keine Engel mehr, wenn ihr die Liebe erkannt habt –
ihre rosigen Flügelspitzen - ihre eherne Strenge ».

Über die Existenz der jenseitigen Engelswelt zeugen folgende Beispiele von direkten **Manifestationen des Himmels** während der Wirkungszeit Christi:
Hier hören wir, wie sich der **Himmel « öffnete »** und die **Engel** sich den Hirten kundtaten. *Luk. 2, 9 - 15*

Der **Himmel** « **öffnete** » sich und die **göttliche Stimme**
erscholl: « Du bist mein geliebter Sohn, an dir habe ich
Wohlgefallen gefunden ».   *Mark.. 1,11*

Aus dem **Himmel** erschienen (auf dem Berge Tabor)
Moses und Elias,   *Math. 17,3 – 5*
und redeten mit Christus;   *Mark. 9, 2 - 8*
und eine **Stimme** aus der **Wolke** sprach: *Luk. 9,28 - 35*
« Dies ist mein geliebter (auserwählter) Sohn,
an dem ich Wohlgefallen gefunden habe, auf ihn höret.»

Sichtbar für die Jünger Jesu « öffnete » sich der **Himmel** und
Christus wurde in den **Himmel** emporgehoben
(Christi Himmelfahrt).   *Luk. 24,51*
Spricht doch auch gerade Christus selbst folgende Worte:
« Ich bin vom **Himmel** hergekommen, und in den
   Himmel kehre ich zurück. »   *Joh. 3,13; 7,33; 13,1 - 3; 16,5 - 7*
« Wo ich **hingehe**, sollt auch ihr **hinkommen** ».

Da Christus damit seine kommende Heimkehr in den **Himmel**
ankündigte, heisst dies doch, dass wir auch einst dorthin
kommen sollen.   *Joh. 14, 2 - 3*

« Ich bin von **oben**, ihr aber seid von **unten**. »
Da Christus von Gott aus dem Himmel zur Erde gesandt
wurde, versteht Christus unter „ **von oben** „ den Himmel,
   und damit unter „**von unten** „ den geistigen Bereich des
Widersachers, ausserhalb des göttlichen Himmels.
Auch beten wir: « … Unser Vater ...im Himmel .. *Joh. 8,23*

----

6. Februar 2010 **Moralische Tugenden**

Das ist ein langer Weg. Er hat nur Erfolg, wenn der
Mensch lernt allen göttlich und moralisch wieder-
sprechenden Neigungen und Beeinflussungen zu
widerstehen; die da sind Neid, falscher Ehrgeiz und
Geltungsdrang, Geiz, Habgier, Herrschsucht,
Lieblosigkeit, sowie unmoralische, fragwürdige
Lustbarkeiten und den dabei erwachsenden Konflikten
wie Unehrlichkeiten, Diebstahl, Gewalt, Verbrechen
jeglicher Art, sowie geistig und körperlich schädigendes
Suchtverhalten.

Viele unserer Mitmenschen, zum Beispiel sogenannte
Christen, sagen, sie würden an Gott glauben.
Was heisst aber „ **An Gott glauben**"? Ein echter
Gottesglaube zeigt sich erst bei Lebensverhalten mit
Tugenden wie: Frieden, Harmonie, hilfreicher Haltung,
Verständnis und Verzeihung, Nächstenliebe, Güte,
Geduld und Vertrauen auf Gottes Allmacht.
So wie es uns Christus, unser Herr vorlebte,
gezeigt und gelehrt hat.

Dieses moralisch, ethisch hohe Tugendverhalten
beginnt schon in kleinsten Dingen.
Wer es dort nicht lebt, kann kaum in der Lage sein
es in grösseren Dingen tun zu können.
Deshalb tut es not, uns einmal mit unserem moralischen
Verhalten in kleinen weltlichen Dingen und
Bestrebungen auseinander zu setzen.

Fragwürdige Praktiken bei Fernsehgesellschaft und Medien.

VIP (Veyi important Persons), "Glanz und Gloria"

(Sendungen von TV Schweiz und Deutschland)

In den Fernsehsendugen, wie auch in Medien, Zeitschriften und verschiedenen andern öffentlichen Berichten werden mit Vorliebe stets sogenannte „Very importent Persons" (VIP) hervorgehoben, geehrt und bejubelt.

So auch täglich im Schweizer Fernsehsender SF mit der Sendung „Glanz und Gloria".

Es gibt unter diesen sogenannten „Very importent Persons" leider einen grossen Teil mit sehr unvorbildlichem, oder gar verabscheuungswürdigem Lebenswandel.

So sieht man dabei bekannte Schauspieler, erfolgreiche Sportstare, Promis, Politiker in verantwortungsvollen Aemtern und Superreiche, wovon sehr viele schon mehrere Male verheiratet waren, und neben ihrer Ehe aussereheliche Liebschaften, oder andere Affairen haben, und kontunierlich mit Gerichten, verwerflichen „Schlammschlachten" und Finanzrprozessen zu tun haben.

Das alles wird durch die Medien mit Vorliebe veröffentlicht und breitgeschlagen.

Dies weil es der Oeffentlickeit gefällt und diese Medien vorzugsweise konsumiert, und die Medien selbst damit erfolgreiche Geschäfte machen.

Es ist unverständlich, dass sich der Staat nicht verpflichtet fühlt, wegen dem damit in aller Oeffentlichkeit gezeigten, miserablen Vorbildern gegenüber der Jugend, dagegen einzuschreiten.

Mit der Art dieser Medienberichte werden einerseits die offenbarten Lebensstile als zulässig oder gar als interessant nachahmungswert suggeriert.

Auch wird damit die Jugend motiviert, auch das Ziel einer „Very importent Person" zu erreichen.

Entspricht die Verehrungspraxis über „Very importent Persons" den christlichen Hinweisen:

>>Denn es gibt kein Ansehen der Person vor Gott! <<
(Röm.2,11)

und im Weiteren auch in
5 Mose 1,17 / 2. Ch 19,7 / Eph. 6,9 / Kol. 3,25.

Unlautere, gewinnversprechende Rätsel-Gewinnspiele.

Da werden von TV Schweiz und Deutschland Rätselspiele angeboten, bei denen der Zuschauer mittels Gewinn- versprechender Rätselaufgabe animiert wird telefonisch seine Rätsellösung mitzuteilen.

Die Rätsel enthalten jeweils ein Rätsel mi Angaben von zwei Antworten.
Nun werden die zwei möglichen Lösungen so ausgelegt, dass eine davon derart unmöglich ist, dass kaum ein Zuschauer die richtige Lösung nicht gleich erkennt.

Damit wird erreicht, dass der Zuschauer in seiner Ueberzeugung, die richtige Lösung zu haben, speziell animiert wird, lefonisch seine Lösung durch zu melden.

Diese Telefone sind ja nicht gratis und bringen damit der TV maximale Telefonrendite (ein fieser Trick).

Es müsste auch geprüft werden, wie viel dass diese Rendite einbringt und wie der Vergleich mit der Höhe des an eine Person ausbezahlten Gewinnes aussieht.

Bekannterweise besteht ein Lotteriegesetz, das vor-schreibt wie hoch verhältmässig eine Gewinnaus-schüttung zur Höhe der Lotterieeinnahme stehen muss.

Wer kontrolliert hier die Höhe dieser Telefoneinnahmen und die Verhältnismässigkeit zur Gewinnausschüttung?

Diese Tatsache ist ein Beispiel dafür, wie trickreich selbst unsere Schweizerische Fernsehgesellschaft, als ein schlechtes Beispiel von fiesen (schreibe unehrlichenTricks) Arbeiten.

Wo findet man hier selbst in einer Schweizerischen Institution ein christlich-gerechtes Vorbild.

Wenn es stimmt, was kürzlich verlautet wurde, dass dabei zum Beispiel der Fernsehmoderator von „Fünf gegen Fünf" und seinem Rätselspiel ein monatliches Salär von 50'000 Franken bezieht, so kommt man nicht um wichtige Fagen der Verhältnismässigkeit herum.

Gedanken zum Schweizer "Dank-, Buss- und Bettag" vom 16.09.2002

Medialer Vortrag Josefs vom 16.09. 1972.

1.) >> *Das Wort Gottes, das in Kirchen verkündet wird,*
   sollte von solcher Lebendigkeit sein,
   dass die Gäubigen durch sie bewogen würden,
   hinzugehen und ihm zu lauschen. >>

Im Kirchenchor habe ich gerne mitgewirkt. Kirchliche Lieder sind etwas erhebendes, schönes, zunTeil auch eine christliche Botschaft.

Leider gibt es auch auf falschen Glaubensgrundlagen basierende Kirchenliedertexte.

Doch wird von den Zuhörern vor allem nur der musikalisch-melodische Inhalt aufgenommen.

Über den Text machen sie sich nicht viel Gedanken.

Wenn ich die Gelegenheit habe, ausserhalb der Landeskirche, Worte zu hören mit tiefem, wahren christlichen Botschaftsinhalt, und deshalb beim "Gottesdienst" der Landeskirche fehle, dann ist der Beitrag mit dem Kirchenchor zweitrangig, nicht die Hauptsache.

Und meist fehlt das wahre, lebendige Wort Gottes in den Predigten der Landeskirche und ist oft mit falschen Glaubensgrundlagen durchsetzt.

2. Viele nennen sich Christen, glauben aber nicht an Ihn, den von Gott gesandten Sohn Gottes., als den Erstling der göttlichen Schöpfung, an den von Gott zum König der geistigen Welt gesalbten Herrn.

Viele bezweifeln sogar die Existenz Gottes und der jenseitigen geistigen Welt.

Damit sind sie auch unwissend über den Grund der Existenz der irdischen Welt und der Menschheit.

Warum sagen sich diese Menschen nicht konsequenterweise offiziell vom Christentum los? –

3.) Es nützt nichts nur "Herr, Herr" zu rufen. Matt. 7,21
Beten allein bringt es nicht. Man muss seinen Beitrag
leisten, auch wenn es dazu des "Kampfes" bedarf.

Hier heisst aber "Kampf" nicht –"Gewalt"!
"Kampf" ist geistiges Arbeiten , Beständigkeit und
Ehrlichkeit, trotz den daraus resultierenden irdischen
Nachteilen. Das ist oft recht schwer, eben "Kampf".

"Bete und arbeite!"*

4.) Jedes trägt einen Gottesfunken in sich. Luk.17,21
Das Reich Gottes ist inwendig im Menschen.

Wenn Du das in Dir wohnende Reich Gottes nach
aussen hin entfalltest, dann erfüllt sich Dein Gebet:
"Dein Reich komme zu uns!"

5.) Der Dank, der am Schweizerischen Dank-, Buss- und
Bettag ausgesprochen wird, bezieht sich auf die
Wohltaten Gottes für das ganze Schweizerische Volk.

Die Schweiz hat unendlich viel Grund zu danken.
Seit langem mit Frieden begnadigt, von Kriegen
und grossen Katastrophen verschont.

———————————

März 2010 Erinnerung an Notizen von 2006.

Gefängnissinsassen:
Straftäter oder Unschuldige

Gemäss unsern weltlichen Gesetzen werden Straftäter,
wie es das Wort sagt, für Ihre gesetzesverletzende Tat
bestraft.
Dabei soll sich die Härte der Strafe nach der Schwere der
Tat richten.
Dies soll eine Sühne sein, ein Abbüssen der bösen Tat.
Und gleichzeitig soll sie ein Abschreckungsmittel sein,
solche Taten zu verüben.

Soweit die heutige Praxis und Ansicht.

Damit halten sich viele Menschen, hauptsächlich gerade
wegen dieser Abschreckung, davor zurück, Gesetzes-
Widrigkeiten zu begehen, obschon sie mit ihrer Denkart
und ihrem Charakterniveau zu unwürdigen Taten bereit
wären.
Diese gesetzlich gegebene Abschreckung garantiert
damit nicht die notwendige moralische Seelengrösse als
Grundlage gegen die Ausübung von Gesetzes-Verstössen
oder gar schweren Verbrechen.
So sei man nicht erstaunt über Meinungssprüche wie:

„Man daif sich nur nicht erwischen lassen!"

Vom ethischen Standpunkte aus ist die Abschreckungs-
Methode, mit von zum Voraus festgelegten definierten
Strafen, nicht die wahre Lösung um, vorbildlich
moralische Lebenshaltungen zu erreichen..

Die vielseitigen Praktiken von sogenannten
„Kavaliersdelikten", Unehrlichkeiten jeglicher Art,
wie zum Beispiel die Vortäuschung falscher Tatsachen,
Missbrauch der sogenannten Pressefreiheit, juristische
„Winkelzüge" mit Ausnützung von ungewollten
Gesetzeslücken, sowie materielle Uebervorteilungen,
spiegeln ein eindrücklich beschämendes Bild der
Gesetzesmoral in unserer heutigen Gesellschaft.

Viele solcher Vergehen werden als tolerierbare,
geschickte Erfolgsfähigkeiten gehandhabt und beurteilt.
Wenn hier diese Situationen angeprangert werden,
kommt man nicht um die Frage herum:

*Was müsste denn in unserem gesellschaftlichen
Strafvollzug, beziehungsweise unseren Vorkehrungen
und Vorgehen im Ziele ethischer Bildung und
notwendiger Nacherziehung anders gemacht sein?*

So utopisch die einzig richtige Antwort darauf, in der
heutigen gesellschaftlichen Entwicklung, ausfallen muss,
so wichtig ist es auch gerade deshalb, dass wir uns
unabhängig davon und zukunftsweisend ernsthaft mit
dieser Frage auseinander setzen.

■ Innerhalb einer Antwort darauf dürfen wir sicher
das *Recht* beanspruchen, die Gesellschaft vor
verbrecherischen Elementen zu schützen und
dessen Täter hierzu zu verwahren. Ganz speziell
gilt dabei, dass sich die Stärkeren dafür einsetzen,
Schädigungen von Schwächeren durch
Gesetzesvergehende zu verhindern.

- Gleichzeitig haben wir gegenüber straffälligen Mitmenschen auch eine gemeinsame gesellschaftliche Pflicht der Hilfe zuhanden einer charakterlichen Gesundung und Reife, und dies soweit möglich, dass spätere Strafrückfälle nicht mehr zu erwarten sind.

Dies auf Grund von *„Sinn und Ziel unseres von Gott gegebenen menschlichen Lebens",* dem Wissen des **„Wohin und Woher"** unseres Daseins.

Innerhalb diesem Wissen liegt es auch, dass wir Menschen unsere kleineren oder grösseren Unvollkommenheiten und Veranlagungen zu Strafanfälligkeiten, durch Verstösse gegen göttliche Gesetzgebungen einst *gemeisam* verschuldet haben. Siehe hiezu auch die Erkenntnisse im Buch:

„Willst Du die Wahrheit, und nichts als die Wahrheit wissen?" ISBN-Nr. 978-3-8334-8318-9, auf den Seiten *186-196* .

Darin wird auch eingehend die Tatsache hervorgehoben, dass unser menschliches Leben das Ziel einer seelisch-geistigen Schule hat. Und dass wir auf Grund der einstigen gemeinsamen Verschuldung die gemeinsame Aufgabe der Wiedererlangung unserer einstigen charakterlichen Reinheit von uns allen haben.

Das heisst nicht nur jeder Einzelne für sich allein, sondern auch mit jeder entsprechend möglichen solidarischen Hilfe auch mit und an unsern Nächsten, innerhalb der Gemeinschaft in der wir leben, also:

„Jeder hilft Jedem!"

Zu solcher Hilfepflicht an Straffällige,
das heisst an charakterlich Schwächere,
mahnt uns Paulus in seinem Brief an die Römer
(Röm. *15,1-2).*
Jesus Sirach (Sir. 14,8; 17,14 und 18,13)
bekräftigt dies mit seinen Worten:

„Wer diese Pflicht nicht wahrnimmt und sich
vom Nächsten abwendet, vernachlässigt sich selbst!"

Die in Sir. 18,13 angeführte Pflicht von Zurechtweisung
durch Erziehung und Belehrung weist uns den richtigen
Weg zu unserer Gemeinschaftspfiicht gegenüber
Straffälligen.

Das bedeutet aber, dass wir für die charakterliche
Gesundung von Straffälligen ein sehr umfangreiches und
individuell angepasstes Schulungsprogramm erstellen
und praktizieren müssten.
Dies auch gemäss der Forderung im Hebräerbrief 13,16.

Die in gewissen Strafanstalten bestens gelegentlichen
Besuche durch Seelsorger oder Kontaktpersonen sind
dazu nur „Tropfen auf einen heissen Stein".

Umfassende, hierzu notwendige Schulungs- und Hilfe-
Programme können jedoch nur mit einem grossen,
materiell kostspieligen und personellen Aufwand
realisiert werden.

Ein solches intensives, im Anfang fast tägliches Schulungs-Programm, müsste zum Beispiel folgende Teilziele verfolgen:

- Vollständiges Erkennen durch den Straffälligen des durch das betreffende Verbrechen arn Mitmenschen zugefügten Schaden und der resultierenden Notlagen der Geschädigten.

- Ein Mitfühlen über den zugefügten seelischen, körperlichen und materiellen Schaden, so, als wenn es dem Straffalligen selbst wiederfahren wäre.

- Ehrliche Bereitschaft zur Wiedergutmachung, soweit dies möglich ist.
Dies ist auch der tiefere Sinn der biblischen Aufforderung:

„Aug umAuge, Zahn um Zahn!"
(Mat. *5,38-41),*
das heisst, eine notwendige Anstrengung des Schadenverursachers,
und nicht, wie durch die Pharisäerschaft im alten Testament falsch ausgelegt und von vielen Menschen heute leider noch falsch als Rachegebot verstanden!.

Verzeihe und vergesse.

"Die schwachen können nie verzeihen, die Verzeihung ist ein Attribut der Starken."

Auge um Auge –
und die ganze Welt wird blind sein.

In dem man das Übel mit Übel bekämpft, wird
niemanden geholfen. Wie ich vorher geschrieben
habe, man kann immer wählen, wie man auf
etwas reagiert. Realisiere, dass die Vergebung
und das Loslassen der Vergangenheit dir und der
Welt mehr Gutes tut.

Sich mit schlechter Erfahrung zu belasten hilft dir
nicht weiter.
Dadurch erfährt man nur mehr Leid und man
behindert sich selber das Richtige im Jetzt zu tun.

In dem man nicht vergibt, lässt man die
Vergangenheit und Personen die dich verletzt
haben deine Gefühle kontrollieren.
In dem man vergibt befreit man sich von diesen
Fesseln und man kann sich völlig auf das Neue
und zum Beispiel auf den nächsten Punkt
konzentrieren.

Innerhalb solcher, auch wissenschaftlich-
psychologisch aufgebauten Schulungs-
Programmen, würden auch irrtümliche
Verurteilungen zu Gefängnisstrafen
Unschuldiger, sprich Justizirrtümer,
eher erkenn,- oder rehabilitierbar.

Eine weitere wichtige Aufgabe der Gesellschaft
liegt auch in der Vermeidung von überfüllten
Gefängnissen, wie es heute leider der Fall ist.

Je mehr Gefangene in einer Zelle zusammenleben müssen, je geringer ist die Chance von ethisch positiven Gesinnesänderungen. Gegenseitige Negativbeeinflussungen oder gar stille verbrecherische Packtabmachungen, auch für raffinierteres Vorgehen in der Zeit nach der Gefängnisentlassung, werden dabei genährt. Strafrückfalle sind zum Voraus schon wieder vorprogrammiert. Also wird es notwendig, dass eine genügend und sinnvoll angepasste Raumvielfalt in Gefängnissen vorhanden ist.

Unsere heutige Gesellschaft ist hingegen nicht bereit derart kostspielige Aufwendungen für Schulungsprogramme und grössere Raumvielfalt zu leisten.

Sie ist man in der Hauptsache nur daran interessiert, vor allem finanziell gut und günstig zu verdienen, um in bestem weltlichen Komfort und Unterhaltungsmöglichkeiten zu leben, und sich nicht noch Lasten wegen Straffälligen aufzubürden.

Schmälerungen ihres Lebensstandartes durch solche Aufwendungen, beispielsweise infolge notwendiger wesentlich höherer Steuerabgaben und Zeitaufwendungen, würden nicht akzeptiert.

Deshalb stellen die oben erwähnten Ziele und Aufwendungen wie anfangs angedeutet, entgegen der wahren Zielsetzung unseres menschlichen Daseins, heute leider noch eine Utopie dar.

_____ .

11. März 2010 / Notizen aus Brief an unsere Freundin
Gretel Thähler vom 16.Nov. 2007

**Aktive Sterbehilfe,
Geschäft, heute mit
„legaler Selbstmord-Unterstützung".**

Diesen Monat brachte das Schweizerische Fernsehen
wiederum eine Sendung zum Thema Sterbehilfe.
Vielerorts wehrt sich die schweizerische Bevölkerung
gegen die Praktiken vorn Organisationen wie „Dignitas"
oder „Exit'. Diese Organisationen propagieren eine
sogenannte „Aktive Sterbehilfe", als eine legale
„Begleitung zum Freitod";
ein Vorgehen das mittels Einnahme von Medikamenten
zum sofortigen Tod führt.

Nachdem Schweizer-Gemeinden diese Tätigkeiten in
ihren Wohngebieten verbieten, wird von einer solchen
Sterbehilfe-Organisation für Freitodpraxis im Auto
propagiert.
Die Zeitschrift „Zeitlupe" von Pro Senectute
veröffentlichte in ihren Ausgaben Nr.3 und 6 des
vergangenen Jahres (2006) einen Artikel zum Thema

„Suizid", unter dem Titel:
„Ich wähle einen anderen Weg'.

Dabei wurden auf die Argumente eines
„Selbstbestimmungsrechts zum Selbstmord" einerseits,
und der Befolgung, mittels Grund und Verständnis
des „göttlichen Gesetzes gegen den Selbstmord"
andererseits, eingegangen.

Die Grundsatzfrage

Bei diesen gegensätzlichen Ansichten geht es im
Wesentlichen um die Frage:
„Glaube ich, der ich mich ein Christ nenne, an einen
Allmächtigen, in jeder Hinsicht weisen Schöpfer und
Gott und den von ihm zugelassenen Nöten und Leiden.

Habe ich erkannt, dass das Leben auf dieser irdischen
Ebene eine Schule ist mit göttlichem Lehrinhalt,
zugunsten einer Veredelung von seelischen
Eigenschaften, zum Beispiel auch von Duldsamkeit,
Bescheidenheit, Demut und Ergebenheit zu Gott,
und dies trotz menschlichen Nöten und Leiden.

Oder ist der Sinn der Selbstbestimmung der, dass ich den
eigentlich schulend fordernden Lebensproblemen überall,
wo ich nur kann, ausweiche und davonlaufe.

Ist es zum Beispiel richtig trotz einem

„für das ganze Leben"

gültigen Eheversprechen, sich oft sehr schnell für eine
Ehescheidung zu entscheiden, und jeglichen Eherettungs-
und Lösungsmöglichkeiten vorzuziehen; oder wegen
Anstössen in der Gesellschaft Aussteiger zu werden; oder
wegen körperlichen oder seelischen Leiden Suizid zu
begehen? Habe ich erkannt, dass das Lösen oder
Durchstehen von Lebensproblemen stets der lehr- und
schlussendlich segensreichste Weg ist?

Die Lebensschule

Wenn ein Schüler ein Schuljahr nicht mit dem notwendigen Erfolg abschliesst, muss er das betreffende Schuljahr wiederholen. So wird es auch mit unserem Leben sein. Denn wer die Bibel betreffend den vielfachen Aussagen über die Wiedergeburt richtig versteht, erkennt, dass es sich so auch im ähnlichen Sinne mit unserem menschlichen Leben verhält.

Leider aber wird aus Unwissenheit der Tatsache, dass selbst bei einem bewusstlosen Kranken seelisch ein wichtiger Reifeprozess stattfindet, keine Rechnung getragen; dies in ähnlicher Weise auch bei langzeitig geistesgestörten Mitmenschen.

Auch ist es ein folgenschwerer Trugschluss zu glauben, mit einem Suizid sei man von allen Arten Leiden und Nöten befreit. Dies speziell dann, wenn der Betreffende der irrigen Auffassung ist, nach dem Tode sei alles aus.

Die Gottgläubigkeit beinhaltet auch die Erkenntnis, dass die Seele des Menschen nach seinem irdischen Ableben als eigens bewusstes Wesen weiterlebt.

Von seelischen Leiden, Verzweiflungen, Enttäuschungen und Hassgefühlen hat sich der Suizid begangene nicht befreit. Im Gegenteil, entleibt empfindet dessen Seele all dies um ein vielfaches leidvoller.
Und zu seinem Bedauern gibt es dann weder ein Zurück noch die Möglichkeit einer wamenden Orientierung an seinen hinterlassenen Beziehungskreis.

Eine neue Chance zu einem Lernprozess für entsprechend notwendige Problembewältigungsfähigkeit und folgender seelischen Stärkung gibt ihm erst eine spätere Wiedergeburt in ein neues, menschliches Leben, ein „Neues Schuljahr".

Sinnvolle Sterbehilfe

Auf Grund all dieser Tatsachen wird man bei schwerst unheilbar, mit grossen Leiden verbundenen und zum Sterben führender Krankheit; die Anwendung einer Palliativmedizin sicher nicht verurteilen.

In einzelnen Spitälern oder Pflegeheimen wird in solchen Fällen anstatt dessen die sogenannte „Terminale Sedation" angewandt. Das heisst mit Spritzen wird der Rest des Lebens schlafend- schmerzlindernd, jedoch nicht bewusstlos verbracht. Diese Methode ist allerdings vielfach umstritten.

Auch verstösst der Mensch nicht gegen ein göttliches Gesetz, wenn er einem natürlichen Sterben entgegengehend, dabei zum Beispiel künstlich lebensverlängernde, wie auch apparative Massnahme ablehnt (passive Sterbehilfe).

Résumé

Zusammenfassend muss festgehalten werden, dass jegliche „Aktive Sterbehilfe" reiner Mord ist. Noch schlimmer ist es, wenn damit als gewerbliche Institution noch Geld verdient wird.

Im sogenannt christlichen Abendlande müsste dies strengstens verboten sein.

Wenn sich sogar Vertreter einer Christlichen Kirche empfehlend zu solchen „Aktiven Sterbehilfen" äussern, ist das mehr als bedenklich.

Wo steht deren Verständnis zu biblischer Botschaft und dessen göttlichen Gesetzen?

Leider fehlt Kirchenvertretern oft die Kenntnis der Ursachen, die Gott zur Schaffung der Welt und des Menschen führten,
das heisst über das „Woher und Wohin" des Menschen.

Echte Lebenshilfe

Dagegen müsste sich die Gesellschaft um Einiges vermehrt verpflichtet fühlen suizid gefährdeten Mitmenschen gegen ihre verursachenden Nöte zu helfen, sei es durch notwendige Lebenshilfen und angepasste Seelsorge, sowie auch mit Aufklärung über die, wie geschildert nachtödlichen Folgen.

Anstatt gemäss Beratungswunsch des Patienten eine Vertretung der „Aktiven Sterbehilfe" zuzulassen, müssten suizidverhindernde Berater und Helfer zugeführt werden.

----

13. März 2010 Erinnerung an Notizen von 2006.

Suizidgefährdete

Bei diesem Thema wird speziell deutlich bewusst, wie zu
wenig dass Gesellschaft, Angehörige oder Bekannte,
Kirche, Seelsorge, Berufskreise und Altershilfe-
Organisationen für suizidgefährdete Mitmenschen tun
oder tun könnten.
Wohl engagieren sich zum Beispiel das Ethikzentrum der
Universität Zürich, und unabhängig davon die
Schweizerische Organisation „Ipsilon" für
Suizidprävention. Doch sind dies offenbar nicht die
genügend helfenden Mittel zur notwendigen Minderung
der Anzahl von Suizidfällen.
Dies wenn man erfährt, dass in der Schweiz:

- Pro Jahr etwa 1'300 Menschen (3 bis 4 Pro Tag)
  Suizid begehen; mehr als wegen Verkehr-
  sunfällen, Aids und Drogen Ablebende
  zusammen.

- Suizid bei 15- bis 44-jährigen Männern die
  häufigste Todesursache ist:

- Jeder dritte Suizid im Pensionsalter geschieht;

- Sich die Suizidrate bei Männern ab 85 Jahren
  verdoppelt.
  Die häufigsten Gründe, weshalb Menschen Suizid
  begehen, zeigen bei entsprechender Beobachtung,
  dass wir viel mehr gegen Suizidaufkommen tun
  könnten; so z.B. bei:

Sozialer Isolation und Vereinsamung,

speziell bei alleinstehenden Männern. Das heisst, dass
Gesellschaft oder Angehörige und Bekannte sich für
Kontakte zu Alleinstehenden (meist Menschen im
Ruhestand) zu wenig interessieren, sie einfach vergessen,
und so deren unausweichliche Isolation rnitverschulden.

1998 n.Chr.:
Berliner Altersstudie (BASE) führt zur Erkenntnis:
dass die häufigste psychische Störung im Alter die
Depression ist. Siehe den Artikel im

Kulturmagazin MUSEION„M 04 1 23" Jahrgang 2004.

Zu Menschen mit **länger andauernden Krankheiten**
oder Depressionen fehlt es zu sehr an der notwendig,
richtigen Anteilnahme und möglichen moralischen
Unterstützung. Dazu trägt auch bei, dass unsere
Gesellschaft durch die industrielle Entwicklung, und die
damit wohnorts- und berufsbedingten Familien-
trennungen, selten noch Grossfamilien kennt, bei denen
Alt und Jung, mit Enkeln und Grosseltern beisammen
leben.

Die „Alten" werden ins Altersheim, Pflegebedürftige
schnell ins Pflegeheim abgeschoben.
Die heutige Gesellschaftsstruktur und das vorwiegende
Interesse für maximale Verdienstmöglichkeiten und
Karrierestreben haben kaum mehr Zeit übrig
für Kontaktpflege zu „Alten und Alleinstehenden".

So wird eine Verantwortung für eine notwendig
liebenswürdige Umgebung leider nicht mehr
wahrgenommen. Jeder ist sich selbst der Nächste.
Was nun aber zum Beispiel in einem Artikel der
Zeitschrift

„Zeitlupe", Nr.3 vom März 2006: "Suizid/„Ich wähle einen andern Weg"

speziell zum Ausdruck kommt, ist damit ein offizielles
Einverständnis einer Verwerfung der alleinigen
Zuständigkeit unseres allmächtigen Schöpfers über
Leben und Tod, und damit einer vom Menschen
beanspruchten Berechtigungszusage zum Suizid.
Dazu tragen in diesem Artikel Aussagen bei, wie:

- Suizid sei ein Sterben,
  wie ein anderes Sterben auch;
- Suizid darf kein Tabu mehr sein;
- Beihilfe zum Suizid sei nicht strafbar;
- Restlich ist der „Freitod" zulässig;
- Es ist anmassend den Suizid
  für den „Freitod" zu kritisieren.

Mit solchen Darstellungen und neuartigen
Erklärungsversuchen propagiert man den allein
zustehenden göttlichen Willen nicht mehr zu akzeptieren
und zu umgehen.
Die Haltung und öffentlich gepredigte Anschauung von
„Exitfachgremien", und gar gewissen kirchlichen Kreisen
(z.B. eines protestantischen Pfarrers), bestärkt viele, sich
mit dem Sterbewunsch beschäftigende Menschen, zu

dem von solchen Befürwortern bagatellisierend als
„Freitod" bezeichneten, und glückliche Erlösung
suggeriertem Ableben.
Alle derartigen Befürworter machen sich damit aufs
schwerste mitschuldig zur Missachtung eines göttlichen
Gesetzes und Willens.
Die von diesen Befürwortern am Schluss des Artikels
schön geschilderten Beispiele von sogenannt
„friedlichem, Freitod-Einschlafen" zeigen nicht die
dabei für den so Verstorbenen entstandene, andere
Situation nach der Entleibung. Der Verstorbene kann
uns dies nachträglich weder mitteilen, noch seinen
Suizid rückgängig machen.

Unabhängig davon, welcher christlichen Konfession oder
Religion man zugehört, glauben wir alle an Gott, als den
allmächtig, weisen Schöpfer von Welt und jeglicher
Kreatur. Jedes menschliche Leben ist von Gott gegeben.
Und das Lebensschicksal ist dem Menschen in den
grossen Zügen schon zur Zeit der Geburt in seine Wiege
gelegt, die möglichen Bahnen grösstenteils für ihn schon
bestimmt worden.

Durch Gottes Willen ist der Mensch in dieses
Erdendasein gesandt worden, worin er für seine seelisch-
geistige Entwicklung vor entsprechende Aufgaben
gestellt ist. Darin liegende Anfechtungen und gar
„Stürme", auch solche, welche ihm im Alter begegnen,
soll er vorbildlich tragen und mit Vernunft und Einsicht
zu einer guten Lösung bringen.
Das Nachlassen von hierzu notwendigen Kräften im
Alter kann mittels geübtem Denken und einer errungenen
geistigen Reife ausgeglichen sein.

Dies umso mehr er, auf Grund eines Gottesglaubens, dazu zusätzlich Kraft erhält. Auch das Alter beinhaltet die Möglichkeit zu sinnvollen und edlen Aufgaben. Wie bei der Bestimmung zu seiner Geburt durch Gott, wird es auch Gottes Weitsicht sein, zu bestimmen, zu welchem Zeitpunkt sein menschliches Leben beendet werden soll.

Kein Mensch hat das Recht sich selbst sein Leben zu nehmen. Leider fehlt oft lediglich das Wissen über Sinn und Ziel des von Gott gegebenen menschlichen Lebens.

Das heisst nicht, dass der Mitmensch kein Mitfühlen und Verständnis für einen Suizidgefährdeten haben kann. Im Gegenteil ist es eine Verpflichtung der Gesellschaft, durch notwendige Hinwendung an Gefährdete, zu Suizid führende Nöte abzubauen.

Auch müssen wir uns bewusst sein, dass auch schwere Krankheiten, bleibende Pflege- und Betreuungs-Notwendigkeiten oder „unzumutbar-unerträglich" zu erleidende Schmerzen, so schwer dies oft zu verstehen ist, einen tieferen Sinn haben.

Wenn dem nicht so wäre, käme dies einer nicht gerechtfertigten Duldung Gottes gleich.

Bei einem durch ein solch tragisches Leiden erfolgenden Suizid wird sicher eine gnadenvolle Haltung Gottes zu erfahren sein, auch wenn dies von Gott nicht gut geheissen würde.

Zu solchen schweren Situationen darf man auch
erkennen, dass die notwendige, sehr aufopfernde
Betreuung an derart von gesundheitlichen Nöten
betroffenen eine speziell vorgesehene Aufgabe für
die Betreuenden sein kann.

Bei den von Gott vorgegebenen Lebensaufgaben geht es
nicht immer nur um persönlich, eigene Nöte, sondern oft
um eine zu praktizierende, und trotz der Schwere einer
solchen Aufgabe, mit bestem Willen dazu ausgeführte
Langzeithilfe an derart Hilfsbedürftige.
So dienen Gottes Ziele, wenn für uns auch oft nicht
gleich verstehbar, stets zur geistig-seelischen
Entwicklung auf verschiedenen Wegen.
Suizid begehende Menschen haben sehr oft die Ansicht,
dass nach dem irdischen Tode

„alles vorbei sei".

Aber vernichten können sie nur ihren irdischen Leib, aber
nicht die Seele.
Und die Seele beinhaltet das Denken und Fühlen,
also Leiden wie Depressionen (dies sind keine rein
biologisch-körperliche Krankheiten), Verzweiflung,
Hass- oder Rachegefühle. Diesen kann man durch die
Entleibung nicht entfliehen; sie bleiben bestehen.
Solche nun nach erfolgtem Selbstmord abzubauen und zu
überwinden sind für die abgeschiedene Seele eine
wesentlich schwierigere und mehr Zeit in Anspruch
nehmende Aufgabe als es im irdischen Dasein noch
möglich gewesen wäre. Auch werden solche negative
seelische Gefühle nach einer Entleibung ganz wesentlich
stärker empfunden, bezw. schwer gelitten.

Menschen, die ganz alleine sind, glauben oft,
dass sie keine Aufgaben mehr erfüllen könnten.
Ein jeder Mensch hat noch die Möglichkeit wertvolle
Beiträge zu leisten. Eine davon ist die
Kontaktaufnahme zu andern Mirmenschen
und dabei Liebe und Gerechtigkeit zu pflegen.

Für geistig reife Menschen gibt es keine unerträgliche
Einsamkeit. Sie besitzen einen Gottesglauben und
erhalten auch Kraft und Eingebungen für und innerhalb
ihres Lebens, obwohl sie sich dessen oft nicht immer
direkt bewusst werden.

Auch gönne Dir ungestörte Stunden, in denen Du Gott
danken kannst für alle Dir geschenkten Wohltätigkeiten
des Lebens, gemäss der Empfehlung
„Den Sonntag zu heiligen".
Auch findest Du Möglichkeiten Gutes zu tun, auch ohne
finanzielle Einsätze. Derartige Aufgaben werden gerade
dort versäumt, wo durch Suizid der Partner oder gar die
ganze Familie verlassen werden.

Leider besteht heute in der Christenheit oft nur noch ein
lauer Gottesglaube. Auch weisen die heute öffentlichen
christlichen Religionen bzw. die Glaubensgemein-
schaften in vielen Teilen manche Unklarheiten zur
biblischen Botschaft, und über die Frage „Woher und
Wohin" des Menschen. Damit fehlt die notwendige
Lehre über den für die Menschen geschaffenen göttlichen
Heilsplan, die Gründe unseres Daseins und der
Schöpfungsgeschichte, sowohl der irdischen, wie auch
der himmlischen Welt.

Viele aus der Bibel abgeleitete Glaubensinhalte
überzeugen den Menschen nicht mehr. Laufende
Kirchenaustritte und Bildungen von Sekten mit
verschiedenen Glaubensinhalten sind die Folge.
Religiöse Falschvorstellungen oder Lücken von
wichtigem Wissen zerstören den echten Gottesglauben
und begünstigen zu Suizid führenden Fehlentscheiden.
Wenn die alleinig richtige Entscheidung für das Beenden
eines menschlichen Lebens dem allmächtigen, weisen
und unfehlbarem Schöpfer, auch des Menschen,
abgesprochen wird, dann kann man nicht mehr von
echtem Gottesglauben reden.

Dies könnte man höchstens noch damit vergleichen, dass
der aus Holz geschnitzte „Pinoccio" plötzlich
intelligenter sein würde als der ihn geschnitzte Meister.

Die hier aufgeführten Themen und Gedanken werfen
sicher beim Leser weitere religiöse Fragen auf, mit der
verständlichen Erwartung von entsprechenden
Antworten. Hier auf alle möglich aufkommenden Fragen
einzugehen ist mit Bezug auf dessen notwendigen
Umfang nicht möglich. Für ein entsprechendes, von
bekannten konfessionellen Religionslehren
unabhängiges, Eingehen konsultiere auch das Buch:

**„Willst Du die Wahrheit, und nichts als die Wahrheit
wissen?"**
ISBN-Nr. 978-3-8334-8318-9,
auf den Seiten *186-196*

7./11. Februar 2010 **Fasnachtszeit**

Es ist wieder einmal Fasnachtszeit. Man wird dem
Menschen nicht absprechen, wenn er ab und zu gerne
etwas lustig sein will und sich an Spässen erfreut.
Nur leider arten gerade an Fasnachten mancherorts
Lustigkeiten zeitweise in verwerfliche Lustbarkeiten und
anstössigem Tun, sowie oft schamlosem Treiben aus.
Mit anzüglich, schlüpfrig-frivolen Witzemachereien
mit unsittlich zweideutigem Inhalt wird zweifelhafte
Fröhlichkeit und Vergnüglichkeit praktiziert.

Ein anderer Aspekt:
In Basel, wie auch anderorts, sagt man zum Beispiel:
"Die Fasnacht sei das schönste Fest des Jahres!"
Diese scheint ihnen offenbar wichtiger zu sein als
christliche Feierlichkeiten wie Weihnachten, oder Ostern.
Für einen Menschen, der um die grosse Bedeutung von
Geburt, Lehrzeit Christi und Erlösung der Menschheit
weiss, ist eine solche Haltung äusserst bedauerlich.und
eine verwerfliche Missachtung des von Gott gegebenen
menschlichen Lebensinnes.
Hier gilt im speziellen die Aussage:
"Sie wissen nicht was sie tun, sagen und denken".

Sie realisieren auch nicht, dass die überbordende
Fasnachtslustigkeit und das dabei oft praktizierte
Alkoholisieren und Ausschweifen eine trügerische
Fröhlichkeit und Lebensfreude ist.
Und leider kommen dann dabei oft 9 Monate später gar
Kinder zur Welt, welche in deren ausserehelichem
Treiben und Triebhaftigkeit gezeugt wurden.

----

11. März 2010

Banale Gesprächsgewohnheiten /Plaudereien

Die meisten Menschen treffen sich oft in rein
gesellschaftlicher Weise, sei es man

- trifft sich aus familiären Anlässen;
- trifft sich unerwarteter Weise als alte Bekannte;
- begenet einem seiner Nachbarn;
- begibt sich nach Vereinstätigkeit anschliessend
  noch zu einem Drink;
- beteiligt sich an einem gemeinsamen Ausflug,
  usw.

Die aufkommenden Gesprächs - Themen bewegen sich
dabei meist in oberflächlicher Art über

- das allgemeine Tagesgeschehen,
- das Wetter,
- Hobbies,
- Krankheiten und gut gemeinte Ratschläge dazu,
- Persönlich-bewegende Erlebnisse und
  Beobachtungen,
- Im Moment hängige politische Probleme,
  Alte Erinnerungen aus gemeinsamen Tätigkeiten
  wie -- Militärdienst, -- Beruf, -- Schule, etc.
  Eigene Erfolgserlebnisse aus -- Schule, -- Sport,
  -- Verein. -- Beruf, -- Politische Tätigkeitem, etc.

Innerhalb solcher Gespräche erwartet man ganz einfach
nur, dass der Andere zuhört. Diese Gespräche
beinhalten meist keine Fragestellungen. Man setzt
voraus, dass einem der Andere nicht widerspricht.

Man erwartet, dass die dabei geäusserten Gedanken und Meinungen und ein dabei geschildertes Verhalten akzeptiert werden.

Im Interesse eines gelockerten und unbeschwerten Gesprächs ist der Zuhörer meist nicht interessiert dieses durch anderslautende Aussagen oder Meinungsäusserungen zu stören.
Hingegen ist er nicht abgeneigt im betreffenden Thema auch einen eigenen Beitrag zum Besten zu geben.
Die Themen kreisen meist um weltliche Vorkommnisse, entweder mit rein materiellen Kriterien oder persönlichen Anerkennungsinteressen.
Man möchte auch zum Wort kommen und angehört werden. Das sind meist die Grundzüge in allgemeinen Gesprächen. Dabei gibt es Themen die tabu sind, über die man nicht spricht, es sind dies Themen über grundsätzliche Fragen des Lebens, wie zu Themen der Religion, über Gott und die Seele.

Geplauder

Dies-bezüglich ist man hingegen schnell bereit in solchen belanglosen, nicht tief gehenden Gesprächen (Geplauder) unbedacht allgemein gebräuchliche Sprüche fallen zu lassen, welche doch ernsthafte Lebensfragen berühren.
Es sind dies beispielsweise Sprüche wie:

- ■ "Man lebt ja nur einmal!"
   (Kommt sogar betonend in Liedtexten vor).
- ■ "Es ist noch Keiner zurückgekommen!"
- ■ "Nach dem Tod ist alles aus!"

Es wäre aber sinnvoll solche Sprüche mit ernsthaften Gesprächen, und ohne Themaabweichungen, auf dessen Wahrheitsgehalt hin forschend zu überdenken.

Als mögliches Beispiel eines solchen Gesprächs könnte folgender Dialog aussehen.

Die Dialogpartner nenne ich wie folgt:
Der echt Gläubige **(G)** und der Nichtgläubige **(N)**.

N "Wir leben ja nur einmal !"
G "Wie kommst Du zu einer derartigen Behauptung ?"
N "Es ist noch niemand zurück gekommen !"
G "Das stimmt nicht mein Freund."

Sage mir, Du nennst Dich doch Christ.

Und ein Christ weiss von der Auferstehung Christi, und dass er, gemäss biblischen Berichten, nach seinem irdischen Tode,
mehrere Male seinen Jüngern erschienen ist.

Ausserdem berichtet die Bibel über das Wissen, dass man nicht nur einmal auf dieser Erde lebt.

- Siehe Matt. 11, 13-15.
  So erwarteten sie die Wiedergeburt von Elia.
- Siehe Matt. 16, 13; 17,10-13 und Mark. 8,27-28.
  Sie wussten also von einer Wiedergeburt von früher Verstorbenen, wie z.B. Elia, Jeremia, Johannes der Täufer, oder andere Propheten.
  Siehe auch Joh. 9,1-2 und 1.Petri 1,23f.

Vielleicht erwidert er jetzt:

N: "Ich glaube nicht daran!"
G: "Wieso nennst Du dich trotzdem Christ und bist
Mitglied der Christlichen Kirche ?"
"Die Bezeichnung "Christ" bezeugte doch,
dass man gemäss Bibel an Christus glaubt!"

Orientierungsmittel

Es gibt in Fragen der Weltanschauung eine vielseitige
Literatur, welche hierzu wertvolle Hilfe bietet. Man wird
dabei wichtige Hinweisen und Ueberlegungen grosser
Denker finden.
Solche Studien würden sich segensreich für den
Einzelnen auswirken. Denn er könnte über die
eigentlichen Grundsatzfragen des Lebens und der Welt
zu einem neuen, fundierten Wissen gelangen.

Mit solchem Wissen wird er sein persönliches Leben
sinnvoller gestalten als wie bis anhin.

Ebenfalls ausführlicher erläutert zum Thema
"Wiedergeborenwerden"das Büchlein:

**"Willst Du die Wahrheit, und nichts als die Wahrheit
wissen?**
ISBN 978-3-8334-8318-9 BoD-Verlag.

Siehe dazu speziell auf dessen Seiten 40 -43.

**3. Mai 2010 Notizen aus Tagebuch von 1965 :
"Glaube, Liebe, Hoffnung "**

Grundbedingung zur Erreichung einer optimalen Arbeits-
und Lebensgestaltung ist primär das Wissen um den
eigentlichen Sinn unseres Lebens.
Ohne den wahren Sinn unseres Lebens zu kennen sind
Aufwendungen zur optimalen Lebensgestaltung
undenkbar, gleichwertig wie ein Arzt einem Patienten
nicht helfen kann ohne Gesundheitsdiagnose.

Fragt nun: „Was ist denn der Sinn unseres Lebens?"
Auf diese Frage sind je nach religiöser Einstellung zwei
verschiedene Antworten zu erwarten:

Erstens: Ein nicht religiöser Mensch, also ein Atheist,
der nicht an ein seelisches Weiterleben nach dem
irdischen Tode glaubt und die Auffassung vertritt, dass
sein Dasein mit seinem irdischen Tode in jeder
Beziehung zu Ende ist, kann kaum einen persönlichen
Lebenssinn erkennen.
Für ihn kann der Sinn des Lebens nur der sein, mit allen
der ihm zur Verfügung stehenden Mittel, so viele irdische
Freuden als nur möglich zu erhaschen und zu geniessen.
Hierzu muss für ihn offenbar auch gelten, dass ihm jede
Skrupellosigkeit dienlich sein kann, soweit er es in Bezug
auf die gesellschaftlichen Einrichtungen und Gesetze
fertig bringt, dabei möglichst ungeschoren
davonzukommen.

„Wir leben nicht auf dieser Erde,
nur um gut zu essen und zu vergnügen,
sondern um eine Aufgabe zu erfüllen."

Es ist die Pflicht jedes Menschen,
den Nächsten auf das Gute aufmerksam
zu machen, aber so sanft und lieb,
dass es für den Nächsten nicht beleidigend ist."

Zweitens: Ein religiöser Mensch glaubt an einen Schöpfer und weiss über ein jenseitiges, seelisches Weiterleben. Für ihn ist sein Wirken und seine Lebenshaltung bestimmend für sein jenseitiges Daseinsschicksal. Daher wird er folgerichtig sich bemühen eine in Bezug auf ein möglichst glückliches, jenseitiges Dasein wirkende, optimale Arbeits- und Lebensgestaltung zu erreichen.
Für den Christ zum Beispiel, unabhängig welcher religiösen Richtung, müssen die hierzu notwendigen Grundforderungen offenbar heissen:

Glaube, Liebe, Hoffnung.

Im Weiteren ist zu sagen, dass ein Mensch, welcher diese drei Lebensgrundforderungen erkennt und zu befolgen sucht, die Forderung *„Glaube"* schon so weit erfüllt hat, dass diese nicht als Vorstellungsbild in Betracht gezogen werden muss.
Nicht unbedingt sicher ist ihm das *„Vertrauen"*, dass der Schöpfer unabhängig von der Härte eines persönlichen Schicksals stets nur das für ihn Beste und Gute beabsichtigt und einleitet.

Dass also auch ein schweres Schicksal, vom Schöpfer gegeben, das Gute erstrebt. — Im Weiteren darf man als gläubiger Christ die *„Dankbarkeit"* nicht vergessen.

Seligkeiten : *Die sich geistig arm fühlenden;*
Die Sanftmütigen;
Die um die geistig Toten
trauernden;
Die Gott suchenden;
Die Barmherzigen;
Die reinen Herzens sind;
Die Friedfertigen;
Die wegen Christus verfolgten;
Die wegen ihrer Gerechtigkeit
verfolgten.

Ich fühle mich dem Strom der Zeit, dem Geschehen der Umwelt willen- und machtlos ausgeliefert, wenn ich mich nicht stets auf mich selbst besinne. —

Nur die eigene Besinnung im christlichen Sinne, mit dem Ziel einer positiven Bestimmung meines Lebens, bringt mir den notwendigen Boden und Halt im Strom der Zeit, im Geschehen der Umwelt, das mir vom Himmel auferlegte Kreuz, dem richtigen Pfad entlang zu tragen. Deshalb ist die tägliche Besinnung auf Gott und sich selbst eine erste und unbedingte Pflicht. –

Ich bitte unseren Herrgott im Namen Christi dafür, dass ich die Kraft aufbringe zu dieser Regel, und dass er mir helfe den rechten Pfad stets zu finden; dass er alle Unbill von mir fernhalte, die sich mir beim Beschreiten dieses Pfades entgegenstellen möchten.

„Herr, Dein Wille geschehe!",
„Näher mein Gott zu Dir!

13. März 2010 Erinnerung an Notizen von 2006.

Familie und die damit verbundenen Gemeinschaftsaufgaben.

Die Familie, eine von Gott vorgesehene enge
Gemeinschaftsbeziehung, mit gegenseitiger Erziehungs-
und Entfaltungsmöglichkeit, ist ein Kernstück zur
seelisch-geistig positiven Entwicklung für uns Menschen.
Dies zu erkennen setzt nun aber voraus, dass man an
Gott, seine alles umfassende Allmacht,
Weisheit und unermessliche Liebe zum Menschen glaubt.
Dann anerkennt der Mensch auch die ihm von Gott
gegebenen Gebote und Gesetze.
Darin bestehen auch folgende Aufgaben:

- Das Eheversprechen, zueinander zu halten in
  Freud und Leid,
  und dies bis zum Ableben eines der Ehepartner.
- Du sollst nicht ehebrechen
  (das 7. der zehn Gebote Gottes).
- Du sollst nicht begehren nach dem Weibe deines
  Nächsten   (Mat.5,28 / das 10. Gebot Gottes)
- Liebe deinen Nächsten wie dich selbst.
- Siehe auch die „Geistigen Gesetze":
  G14; 22-25; 28; 32; 34; 43; *51; 52;* und 67,
  aufgeführt im Buch:

„Willst Du die Wahrheit, und nichts als die
Wahrheit wissen "
ISBN-Nr. 978-3-8334-8318-9,
auf den Seiten *186-196.*

Alle diese Gebote bedeuten doch, dass ein sich als
Christ bezeichnender Mensch um eine andere
Einstellung und Handlungsweise bemühen sollte,
als es heute leider grossenteils der Fall ist.
Die heutige Statistik zeigt, dass die
Scheidungsquote zum Beispiel in Grossstädten
auf 40% angestiegen ist.

Und deren Tendenz ist noch steigend und damit auch die
Anzahl von „Alleinerziehenden Elternteilen",
hauptsächlich von Müttern.
Viele Leser dieser hier aufgezeigten Situation werden die
erwähnten Grundforderungen des Themas 'Familie" als
Utopie, als heute überholte religiöse Verpflichtungen
bezeichnen. Dabei geht es hauptsächlich um das
Erkennen und Wissen um Ursache, Sinn und Aufgaben
des menschlichen Lebens, wie es der Autor in seinem
oben erwähnten Buch deutlich gemacht hat.

Es ist teilweise verständlich, dass ohne diese
Erkenntnisse, Sinn und Ziel einer Ehe auf falschem
Geleise läuft.
Oft liegen beim Entscheid einer Eheschliessung entweder
nur damit erwartete freudvolle Beziehungen oder eine
unerwünschte Zwangssituation vor.

Viele, welche sich zu einer Ehe entschliessen, sind sich
anfänglich nicht voll bewusst, was für Schwierigkeiten
und Probleme im praktischen Zusammenleben auf sie
zukommen können.
Vorerst sehen sie nur den „Honigmond".

Oft kennen sich zukünftige Ehepartner erst kurze Zeit.
Notwendige wertvolle Gemeinsamkeiten auf längere
Sicht sind oft nicht vorhanden.
Konflikte sind damit schon vorprogrammiert.

Im Weiteren neigen Menschen, welche in unglücklichen
Familienverhältnissen oder gar in familienfremden
Verhältnissen, ohne kontaktfreundliche Konfliktpraxis
aufgewachsen sind, zu frühem, schnell realisierbarem
eigenen familiären Zuhause.

So fehlen sehr oft in kritischen Situationen die
notwendige Konfliktfähigkeit und Toleranz, sowie das
Verständnis und damit die Kompromissbereitschaft zu
andern Interessen, Gewohnheiten und
Lebensanschauungen des Partners.

Unglücklichen Folgen von Scheidungen mit dann
alleinerziehenden Elternteilen resultieren
hauptsachlich für deren vorhandenen Kinder.
Und damit schliesst sich ein Teufelskreis. Dieser kann
nur durchbrochen werden wenn:

- die allgemeine Gesellschaft Mittel schafft, die in
  den erwähnten unglücklichen Familiensituationen
  für deren Kinder, die dann dort fehlende von
  Nächstenliebe geprägte Hilfe, Führung und
  bessere Lebensvorstellungen und
  Verhaltensbildungen bringt;

- die daraus wachsenden Jugendlichen ein Wissen
  um den wahren christlichen Sinn und dem Ziel
  des menschlichen Lebens erhalten;

- die Jugendlichen Fähigkeiten entwickeln können
für verständnisvolle, tolerante Konfliktlösungen
im menschlichen Zusammenleben.

Zur Realisierung solcher geeigneter Mittel
braucht es vor allem hierzu berufene
Mitmenschen und dem dabei notwendigen
Kostenaufwand.
Derart berufene Mitmenschen müssen natürlich
selbst den wahren christlichen Sinn und das Ziel
des menschlichen Daseins kennen.

Menschen welche eine solche Tätigkeit nur unter
der Erwartung eines finanziell lukrativen oder
Karriere versprechenden Berufes anstreben,
eignen sich nicht dazu.

Hier ist „Berufung" gefragt
und nicht „Beruf"!

Zu dieser Art Erkenntnis von Lebenssinn müsste auch die
Schule beitragen. Heute sind die Programme der
öffentlichen Schulen vornehmlich darauf ausgerichtet die
Jugend in denjenigen Fächern auszubilden, welche sie
später in den erwerbsgerichteten oder rein akademisch-
gerichteten Berufen benötigen. Weltliches Allgemein-
wissen steht im Fordergrund. Menschen, welche sich
später in ihren Tätigkeiten mit ausgeprägter grosser
innerer Berufung für ideale Ziele einsetzen sind stets
Einzelfälle. Hier aber beschäftigen wir uns mit
Menschen, welche allein von sich aus nicht die Fähigkeit

und Kraft haben, aus einem wie oben angeführten
Teufelskreis herauszukommen.

Nebst den heute üblichen Fertigkeit anstrebenden
Schulfächern müssten auch Programme
durchgeführt werden, welche in unserer von
Unvollkommenheiten, Lug, Trug und Streit
geprägten Welt, das Ziel von Kontaktfähigkeiten
und Toleranz im christlichen Sinne, mit ethisch
edlem Verhalten haben.
Dies ganz speziell auf ein später kommendes
Ehe- und Familienleben.

Zu solchen Idealforderungen sind trotz
Berufungseinsätzen entsprechende finanzielle Mittel
notwendig, was mit öffentlichen Mitteln (sprich
Steuergeldern) ermöglicht werden muss,
also eine ergänzende gesellschaftliche Opferbereitschaft.
Dabei muss man aber auch sehen, dass durch solche
Hilfen viele familiäre Notsituationen gar nicht entstehen.
Durch die bessere Konfliktlösungsfähigkeit und dem
Wissen um den tieferen Daseinssinn werden auch die
Scheidungen abnehmen, weniger alleinerziehende
Elternteile ein hartes Dasein durchstehen müssen.

Eine damit resultierende erfreulichere Entwicklung
würde, sich selbst unterstützend, den ehemaligen
„Teufelskreis" ins Positive kehren.
Damit reduzieren sich auch die gesellschaftlichen
Notwendigkeiten von derartigen Sozialwerken und die
damit verbundenen Kostenaufwendungen.

13. März 2010 Erinnerung an Notizen von 2006.

Gib dem Staate was dem Staate ist und Gott was Gottes ist!
(Mat. 22,17 / Mk. 12,17 / Luk. 20,25)

Die Aufforderung, welche hinter dieser Antwort Christi steht, bedeutet nicht nur getrennte Verpflichtungen gegenüber dem Staat und Gott.

Wenn wir für Schwächere in unserer Gesellschaft, sprich Staat, eine wirksame segensreiche Hilfeorganisartion unterhalten, die wir z.b. via unsern Steuerbeitrag ermöglichen, steht dies im Sinne der Worte Jesu:

„Wer eines unseerr Geringsten Gutes tut, der hat es mir getan!"

So erfüllen wir die Forderung des Titels ungetrennt mit staatlichen Mitteln an Gott.

Das Wissen, dass unser menschliches Dasein einen von Gott bestimmten höheren Sinn hat,
und dazu für uns eine hierfür gebotene Schule bietet,

fordert uns zu tieferem, eingehenderem Ueberdenken über die vorgegebenen Aufgaben und Gott gefälligen Erwartungen.

Es ist die Schule mit dem Ziel unsere Unvollkommenheiten, Fehlerhaftigkeiten und menschlichen Schwächen
zu überwinden und abzulegen.

Damit sollen wir uns die Fähigkeiten und
Charakterfestigkeit erarbeiten, mit denen wir,
trotz all den sich uns entgegensetzenden
Widerwärtigkeiten von Eigennutz, Lieblosigkeit, Lügen
oder gar Verbrechen der Welt, ein gottgerechtes Leben
und Wirken zu führen im Stande sein werden.

Das beinhaltet auch die entsprechende Haltung
gegenüber unseren Nächsten, im weiteren Sinne unserer
Gesellschaft und dem Umfeld unseres Lebens.

Es betrifft vor allem unser Verständnis und unsere
Hilfsbereitschaft gegenüber aller Art von
„Schwächeren" in unserer Gesellschaft.

Ein ethisch vorbildliches Leben beschränkt sich nicht nur
auf sein eigenes Seelenheil. Wir sind gemäss göttlichem
Willen eine Schicksalsgemeinschaft und stehen deshalb
für notwendige Hilfen an unsere Nächsten in einer
entsprechenden Pflicht und Verantwortung.

Viele Mitmenschen leben aber nur für ihr eigenes Wohl
und deren eigenen Interessen.

Dies steht ihnen nach dem Motto

„Jeder ist seines eigenen Glückes Schmied"

höher als die Sorgen und Schwächen des Nächsten.

Diese Feststellungen sollen aber keinesfalls die zahlreich
bestehenden, ehrlichen und selbstlosen Bemühungen von
Hilfsgemeinschaften und vielerlei caritativ arbeitenden
Organisationen und Mitarbeiter vergessen lassen.

Trotz solchen Hilfebemühungen zeigt unsere
Gesellschaft in ihrer heutigen Entwicklung für
notwendige Hilfen hierfür stets wachsende Defizite.

Die vorhandenen Hilfsmöglichkeiten sind leider nur

„ein Tropfen auf einen heissen Stein"!

In vielen Fällen werden heute Mitmenschen, welche
nicht oder nicht mehr in der Lage sind, innerhalb unserer
Gesellschaft einen materiellen oder arbeitsanteilmässigen
Beitrag zu leisten, oder ihre Umwelt gar durch ihre
persönlichen Probleme belasten, abgeschoben und zu
sehr nur noch sich selbst überlassen.

 Auch hier darf festgestellt werden,
dass dies nicht in allen Fällen, aber leider
noch zu zahlreich, herzlos geschieht.

Nicht nur die Menschen leben in Staaten, auch die Ameisen (Eine satirische Geschichte!).

Aus dem "Fricktaler Freizeit Magazin 1/2014.

Jeden Morgen kam die fleissige Ameise fröhlich zum Dienst. Sie liebte ihre Arbeit. An ihrem Arbeitsplatz verbrachte sie die meiste Zeit des Tages. Mitunter hatte sie schwierige Probleme zu lösen, und zeitweise wurde ihr viel zusätzliche Arbeit aufgebürdet. Sie arbeitete dennoch unermüdlich und fleissig, dabei immer ein Liedchen summend. Der Vorsteher, ein dicker, fetter Käfer, stellte fest, dass es niemanden gab, der die Ameise beaufsichtigt. Ein unhaltbarer Zustand, der nicht geuldet werden darf.

So konnte es auf gar keinen Fall weitergehen. Er schuf einen Sachgebietsleiter-Posten und stellte dafür einen Mistkäfer ein. Bereits nach kurzer Eingewöhnungszeit entwickelte der Mistkäfer Verfahren, wie die internen Arbeitsabläufe standardisiert werden können. Dazu erstellte er mehrere Berichte. Bald benötigte der Mistkäfer einen Geschäftsstellenleiter, der diese Berichte bearbeiten soll. Man stellte hierzu eine Spinne ein, die ihrerseits ein entsprechendes Archiv einrichtete und Telefonanrufe für den Mistkäfer entgegennahm.

Und in der ganzen Zeit, arbeitete die Ameise froh und munter weiter, denn ihre Arbeit gefiel ihr und von Zeit zu Zeit summte sie ein Liedchen.

Der Vorsteher war begeistert von der Arbeit des Mistkäfers, forderte noch grafische Darstellungen, Präsentationen und Zukunftsanalysen an.

Für diese zusätzlichen Aufgaben wurde es erforderlich, eine Fliege einzustellen. Als Helfer für den

Sachgebietsleiter erhielt er von der Dienststelle einen besonders modernen Lapdop, um schöne bunte Präsentationen vorbereiten zu können. Die fleissige Ameise allerdings, summte nur noch selten ein Liedchen. Sie stöhnte unter der Last des stetig zunehmenden Schreibkrams. Was sie nun alles zusätzlich auszufüllen hatte, führte datzu, dass sie immer weniger ihren eigentlichen Aufgaben nachgehen konnte. Natürlich informierte sie ihren Vorgesetzten, allerdings ohne sich dabei über die überproportional zugenommenen zusätzlichen Arbeiten zu beschweren. Daraufhin veranlasste der Vorsteher unverzüglich für das Sachgebiet, in der die Ameise arbeitet, einen Administrator eizustellen. Diese verantwortungsvolle Aufgabe wurde der Heuschrecke übertragen. Die verlangte, dass man ihr einen speziellen Bürosessel zur Verfügung stellt und zusätzlich einen Dienstwagen mit eingebauten Lapdop, mit einem Zugang zum Internet. Selbstverständlich benötigt sie auch einen persönlichen Assistenten, eine Kröte. Diese hatte bereits in einer anderen Abteilung für die Heuschrecke gearbeitet. Die Ameise summte nicht mehr. Sie wurde immer ruhiger und nervöser. Während einer Dienst-Besprechung der Vorgesetzten wurde festgelegt, eine externe Arbeitsgruppe zu bilden und Daten für eine Studie über das arbeitende Personal zusammenzutragen. Später soll dieser Bericht dem Vorsteher vorgelegt werden. Die ausgesuchten Spezialisten waren auch sofort bereit, gegen beträchtliches, zusätzliches Entgeld, unverzüglich tätig zu werden.
Fast zeitgleich, stellte der Vorsteher fest, dass das Sachgebiet, in der die fleissige Ameise beschäftigt ist, nicht mehr die Controllingzahlen wie früher erreichte.

Auch die Arbeitsmoral hatte sich erkennbar verschlechtert.

Er suchte Hilfe bei der Eule. Eine Expertin in Sachen Betriebswirtschaft, Arbeitsabläufen und Organisationsstrukturen. Sie analysierte und diagnostizierte. Zusätzlich führte sie lange Gespräche mit den Mitarbeitern. Für ihre Bemühungen wurde ein Honorar von 50 000 Franken vereinbart. Innerhalb von drei Monaten sammelte die Eule alle relevanten Daten und Fakten der Abteilung. Im Anschluss daran legte sie einen Abschlussbericht vor. Die Kernaussage: << Sie haben zu viel Personal, es sollten umgehend Stellen abgebaut warden>>. Der Vorsteher las den Bericht aufmerksam. Umgehend setzte er die Empfehlung um. Die Ameise wurde entlassen – die immer so fleissig arbeitete und ihre Arbeit liebte.

Die Moral von der Geschichte: Es sollte Dir nicht im Traum einfallen, eine fleissig arbeitende und fröhliche Ameise zu sein. Es ist viel besser eine Heuschrecke oder ein Mistkäfer zu sein, wenn auch unütz und unfähig. Denn diese Spezies brauchen keinen Aufseher.

Wenn du nicht anders kannst, als fleissig und arbeitsam zu sein, dann zeige bloss niemandem, dass dir deine Arbeit Freude bereitet und du dabei noch fröhlich bist. Erfinde von zu Zeit zu Zeit unlösbare Schwierigkeiten und Probleme bei der Aerbeit, jammere herum und beschwere dich, wo du nur kannst. Keiner soll je auf den Gedanken kommen dich zu beneiden, nur weil du Spass bei der Arbeit hast.

PS: …und bloss nicht summen---

1994 / 12. April:
Austritt aus der Sektion SP-Stein.

Auf Grund meiner Erfahrungen in dieser Ortspartei, bezüglich zuviel eigennütziger Politik und an Diktatorik grenzenden Verletzungen des Schweiz. Vereinsrechts, kann ich mich nicht mehr mit dieser Ortspartei identifizieren.

Weitere Tatsachen in der Schweizerischen Politik veranlassen mich zu folgenden Gedanken :

"zur politischen Situation der Schweiz":

Die schleichende Degeneration unserer schweizerischen Demokratie.

Die heutigen Entwicklungen in vielen wichtigen gesellschaftspolitischen Bereichen nehmen immer bedenklichere Formen an.
Dazu gehören zum Beispiel:

- Die nur noch schwerst tragbare und immer weiter zunehmende Kostenentwicklung im Gesundheitsbereich Krankenkassenkosten;
- Die Verschuldungspolitik des Staates;
- Gefährdung der Altersversorgung;

- Vorwiegend profitwirtschaftliche Fusionen
  von Grossfirmen und Banken mit Massen-
  entlassungen durch Restrukturierungen;
- Zunahme von Arbeitslosigkeit;
- Drogenpolitik;
- Asylantenproblem;
- Kriminalität etc.

Dies alles sind Zeichen eines stets
wachsenden, rein materiellen und oft
skrupellosen Gewinndenkens.
Dabei verkommt der Mensch immer
mehr zur seelenlosen Handelsware.

Das Allgemeininteresse an wertvollen
Kulturinhalten seitens der Medien weicht immer
mehr einem Konsumtrend (Einschaltquoten),
einerseits für:

- Finanzträchtig, fragwürdigen Spitzensport
  anstelle von gesundem, möglichst
  unfallfreiem Volkssport;
- Primitive synchronisierte Spielfilme betont
  durch Hysterien, "Zootigem", Intrigen und
  Kriminalitäten;
- Die Volksschulprogramme beinhalten zu viel
  nur reine Wissensschulung;
- Quiz- und Fragespiele, welche gegenüber
  ethischer und menschlich-geistiger
  Bildung nur reines Wissen und
  Schlagfertigkeit hochpreisen;

- Bevorzugung von Nachrichten über Unglücke, Verbrechen, Politskandale etc.
- Zunehmend konsumfördernde Werbesendungen.

Es ist dies eine Entwicklung zu menschlichen Verhalten vorwiegend für "Brot und Spiele".

Wo sind die Gründe dieser Entwicklungen?

In allgemeiner Not entwickelt sich ein Volk, wenn immer irgendwie möglich, stets zu gesellschaftlichem Zusammenhalt, zu gegenseitiger Hilfsbereitschaft, welche ideelle Werte von Gleichheit, Brüderlichkeit und Freiheit mit hohen kulturellen Inhalten anstrebt. Die dabei parallel sich entwickelnde solidarische Mitarbeit aller Bürger fördert Wohlstand Frieden und Selbstvertrauen.

Dementsprechend bedeutet die vom Griechischen stammende Bezeichnung **"Demokratie"** gemäss Schweizer Lexikon:

Die ideale Gestaltung einer menschlichen Gemeinschaft mit den Grundwerten von Freiheit, Gleichheit und Brüderlichkeit; dies mit dem Prnzip der Oeffentlichkeit, das die Kontrolle der Behörden durch das Volk ermöglicht.

Die Geschichte zeigt leider immer wieder folgende Volksentwicklungen

In lang andauernd hohen Lebenskomfort (Wohlstand) ist gegenseitige Hilfsbereitschaft immer weniger gefragt. Der Einzelne glaubt den Nächsten nicht mehr nötig zu haben. Seine ursprünglich idealen Gemeinschaftsziele flachen ab und weichen stets wachsenden, isolierten Eigeninteressen. Das heisst, für sich selbst

mit möglichst kleinstem Einsatz,

einem Verhalten mit geringstem Widerstand, sein eigenes Leben
**so lustbetont und schön
wie nur möglich "zu geniessen.**
Moralische Werte sind dann tabu.
Im Extremfall resultiert eine Lebenshaltung gemäss oft zitierten Slogans wie

"Wir leben ja nur einmal!", oder gar
"Recht ist was mir nützt!"

Sicher ist in einer Wohlfahrtsgesellschaft nicht jeder von solcher Haltung gekennzeichnet.
Wenn dies aber auch nur bei einem Teil der Bevölkerung der Fall ist, dann entwickelt sich bei jenen zwangsläufig ein bevorzugendes Machtstreben. Dieses wird dann wo immer möglich mittels Absprachen mit gleich strebenden Institutionen (als mögliche Beispiele), sprich

Parteien, Verbände, Kartelle, Bünde etc.
abgesichert. Das Resultat ist Machtpolitik.

Der Entwicklung von Selbstherrlichkeit,
Eigenmächtigkeit und Eigennutz, speziell im
Besitze von politischer Macht
(Einsitz in Behörden) sind Tür und Tor geöffnet.
Die Staatsform einer Demokratie, wie sie z.b. von
der Schweiz im Ursprunge verstanden sein will,
fährt damit je länger je mehr auf undemokratischen
Nebengeleisen.

Die oben genannten Entwicklungsprobleme sind
alles Zeichen und Auswirkungen von einseitigem
Eigennutz und Machtpolitik. Diese zeigen sich
sowohl in gesammtschweizerischen Bereichen,
sowie in kantonalen und kommunalen politischen
Behördenebenen.

Dr. oec. h.c. Rolf Dubs,
Professor a.d. Universität,
Ordinarius für Wirtschaftspädagogik
an der Hochschule St.Gallen

hat sich selbst speziell der Problematik der oben
aufgezeigten Misstände angenommen.

Er zeigt dabei auf, wie verwerflich heute Politiker
gegenüber dem Volk mit der Wahrheit umgehen,
und was diese Politiker echt Wertvolles für die
Demokratie leisten, oder eben zum Teil eigennützig
nicht leisten, oder fachlich schon gar nicht in der
Lage sind zu leisten.

Diese Tatsache zeigt sich auch in den kleinen Bereichen von Gemeinden.
Wenn z.B. einzelne, gleichwertige Bürger oder politische Minderheiten versuchen in demokratischen Anliegen sich an entsprechende Behörden zu wenden, dann werden sie oft mit fragwürdigen Antworten, beziehungsweise Abweisungen abgespiesen.
In Selbstherrlichkeit und Eigenmächtigkeit werden dann notwendige Begründungen mit Argumentationen wie

"wegen grundsätzlichen Ueberlegungen"
angeführt
und damit nur *"Versteck" gespielt.*

Oder eine sachliche Anfrage wird mit unangebrachter Denunzierung des Anfragestellers abgeschlossen.
So gäbe es zur heutigen Machtpolitik noch viele Beispiele zu nennen.

Die Nomination zu Wahlkandidaturen wird meist durch Erhöhung des Bekanntheitsgrades mittels Mitgliedschaften in Ortsvereinen erreicht.
Die politische Vertretung einer Partei ist oft wahlausschlagebend unabhängig von fachlichen Kenntnissen oder Fähigkeiten. Gute, sich eignende Fachkräfte kommen oft gar nicht zu entsprechenden Beiträgen in Gemeinden, da sie sich meist nur in bescheidenem Rahmen oder sogar gar nicht Vereinstätigkeiten anschliessen.

Mitglieder verschiedener Behörden in ein und
derselben Gemeinde kommen fast immer aus den
gleichen Parteien.
Ein behördenneutraler, unabhängiger Einsatz von
Behörden-Mitgliedern ist deshalb oft kaum zu
erwarten.
Speziell schlecht wirkt sich dies bei Kontroll-
Behörden aus, wie zum Beispiel bei Rechnungs-
Prüfungskommissionen (Finanzkommissionen),
deren Parteifreunde zum Beispiel im Gemeinderat
sitzen.
Speziell schwierig wird es einem eventuellen
einzelnen, parteilosen Mitglied, seiner Meinung
gegen einen Parteienblock Gehör zu verschaffen.

Meist endet dies in einem aussichtslosen
Spiessrutenlaufen. Deshalb sind
z.B. Finanzkommissionen oft nur noch
eine Alibi-Uebung.

In anderen Lebensbereichen sind mögliche
Interessenskonflikte bei

befangenen Personen gesetzlich verhindert.

Warum in den vorgenannten
Behördenfällen nicht ?

Auch auf kantonalen und schweizerischen
Behördeebenen gibt es viele ähnliche
Interessenskonflikte oder Abhängigkeiten.

Dies alles sind nur kleine Beispiele einer teilweise gestörten Demokratie.

Was uns dringend not tut für ein besseres demokratisches Klima in der Schweiz zeigt Professor Dr.Dubs in seinem Artikel unmissverständlich auf.

Gefordert ist von uns allen eine Abkehr vom

sogenannten **"FOCUS ON SELF"**.

In diesem Sinne lautet sein Aufruf an uns alle:

Dieses Ziel ist nur zu erreichen, wenn sich alle Menschen um den sozialen Frieden und um ausgewogene soziale Verhältnisse bemühen, einer Voraussetzung, die am ehesten gegeben ist, wenn alle Menschen eine ihrer Leistungsfähigkeit gemässe Arbeit finden und anerkennen, dass es eine Egalität (gar wenn man selbst nichts beiträgt) nicht geben kann. Dazu gehören:

Gute Grundausbildung, permanente Weiterbildung, Vermeidung von Problembelastungen im persönlichen Leben des Menschen, gute Familien- oder Partnerverhältnisse (Familienpolitik) und vor allem: *Wahrheit* .

1990 / 1. Aug.: **Der Autor hielt** in der Gemeinde Stein die traditionelle **August-Rede,** ein Jahr vor der 700-Jahrfeier der Schweiz:

Liebe Mitbürgerinnen und Mitbürger, liebe Gäste und Freunde von unserer Bundesfeier !

Es ist sicher nicht mehr als fair, wenn ich Sie schon zu Beginn meiner Worte darauf aufmerksam mache, dass ich nicht im Sinne habe, Euch derart eine Festrede zu präsentieren, dass am Schluss möflichst viele, möglichst lauten Applaus spenden. Ich meine nämlich, dass unsere Nationalfeier nebst dem festlichen Rahmen auch eine Gelegenheit dazu sein soll, einerseits für alle Annehmlichkeiten unseres Lebens als Schweizer zu danken und uns andererseits aber auch wieder einmal weniger selbstgerecht, ernsthaft zu hinterfragen, was wir in Zukunft besser machen sollten. Alle diejenigen aber, die in althergebrachter Weise eine traditionelle Bundesfeierrede hören möchten, bitte ich um Nachsicht. Sicher werden Sie nächstes Jahr zur Genüge noch voll auf Ihre Rechnung kommen! Nach diesem Motto möchte ich auf ein heute sehr aktuelles Problemthema eingehen mit dem Stichwort:

"Wohlstand und Armut in der Schweiz".

Ist es nicht absurd, bei uns in einem derart kapital-gesegneten Land über Armut zu sprechen?
Wo gibt es verhältnismässig so viele Banken wie bei uns?

Wir müssen uns offenbar zuerst wieder einmal fragen:
Was heisst überhaupt Armut?
**Im Schweizer-Lexikon habe ich
dieses Wort leider nicht gefunden!** -

Armut ist nach üblicher Auffassung Mangel an
notwendigsten Lebensbedürfnissen.
.

♦ **Ist es wirklich nur das?** `-- Der materiellen Armut
voraus geht nämlich immer eine Art Unfähigkeit sich
die notwendigen Mittel zu beschaffen. Diese
Unfähigkeiten sind aber vor allem die eigentliche,
ursächliche Armut. Und diese sind z.b. bedingt durch
:

♦ -- Krankheit physischer oder gar seelischer Natur;
♦ -- Drogenabhängigkeit;-- Alkohol;-- Schlechter Ruf;
♦ -- Bildungsmangel;-- Alter;-- Soziale Ueberforderung
♦ -- und Andere.

Und wie steht es in diesen Bereichen
bei uns in der Schweiz ?
Und wie steht es mit unserem menschlichen Verständnis
für die Betroffenen und für die dabei zusätzlich entstehenden persönlichen Belastungen, wie z.B. die damit
verbundenen Demütigungen, das Gefühl ein Sozialfall zu
sein, "Nicht mehr dazu zu gehören", und die
Abhängigkeit von anderen Personen oder institutionellen
Stellen, von der Entmündigung und der Vereinsamung.

Unsere Geselschaftstruktur und Wirtschaftsentwicklung
zwingt viele so betroffenen Mitmenschen auf die
verschiedensten Arten in die Isolation und Kontaktarmut;
am deutlichsten in unseren Städten.

In der nichtstädtischen Umgebung und dort, wo sich
gemeindeinterne Anstrengungen gegen die Kontaktarmut
einsetzen, steht es etwas besser.

Denjenigen Personen, welche sich zurr Zeit
in Stein für diese Probleme engagieren,
sei da im Namen von uns allen
recht herzlich gedankt.

In paradoxer Weise entwickeln sich diese Armuts-
bereiche gleichzeitig mit der laufenden Zunahme unseres
Wohlstandes. Da liegen heute und in nächster Zukunft
noch grosse Aufgaben bevor, und es wird eine andere Art
als nur Almosen, oder sagen wir
"nur finanzielle Unterstützung"
je länger je mehr dringend notwendig,
und verlangt unseren Einsatz,

auch dann, wenn wir dabei einen
Lebenskomfort-Verlust in Kauf nehmen müssen!

Es ist ein Zeichen von unserer heutigen Zeit, dass wir die
in irgend einer Form schwer problembehafteten
Mitmenschen meiden oder gar abschieben; abschieben in
Altersheime, Pflegeheime, Psych.Kliniken oder gar
indirekt verdrängen in Drogenszene, Alkoholismus oder
in choatische Kreise, u.s.w..
Und das wegen ihrer Unrentabilität, oder weil wir den
menschlich, unangenehmen und psychischen
Belastungen bringenden Problemen aus dem Wege gehen
wollen, oder den dazu notwendigen Zeitaufwand nicht
aufzubringen bereit sind.

Damit, dass wir unser ganzes Interesse für unser persönliches, meist äusserliches, materielles Wohl einsetzen, bleibt je länger je weniger noch Kraft und Zeit für eine menschliche Zuwendung und moralische Hilfe an diejenigen, bei welchen der

innere, seelische Wohlstand am zerfallen ist.

Wir dürfen uns nicht mehr **nur** damit begnügen, mit möglichst vielseitigen, materiellen Spenden an Heime, Versorgungsinstitutionen u.s.w unser Gewissen zu beschwichtigen, oder gar nur um damit zu brillieren. Man sagt zwar: - **"Zeit ist Geld"**- Leider kann man dieses Sprichwort nicht wie in der Algebra umkehren und sagen: "Dann ist Geld auch Zeit". Denn echt Zeit für die Ausgegrenzten haben wir **unherzlich wenig,** das heisst, immer weniger, je mehr wir uns um Geld bemühen!

Gemäss Statistik hatten wir im Jahr 2013 in der Schweiz 420'000 Menschen, welche ihren Lebensunterhalt mit einem monatlichen Einkommen von weniger als 1500 Franken bestreiten mussten. Unsere Lebensformen und menschlichen Verhaltensweisen haben sich in den letzten Jahrzehnten enorm verändert und zum Teil auch zu unseren Ungunsten entwickelt.

Beispielsweise unsere heutige grosse Scheidungs-häufigkeit; dann auch die Zunahme von Eineltern-familien, in denen die Alleinerziehenden meist sozial überfordert, knapp am Existenzminimum lebende Frauen sind. Heute wird bereits jede dritte Ehe wieder geschieden und die Anzahl von Eheschliessungen nimmt laufend ab. --

90% von allen Alleinerziehenden sind Frauen.
Frauen sind im Erwerbsleben, in der Arbeits- und
Wohnung-Suche oft schwer benachteiligt.

Und die Benachteiligung auf Grund von Bildungs-
defiziten schafft ebenfalls neue Verarmungsbereiche.
Die rasanten Veränderungen in der Arbeitswelt infolge
neuer Technologien und Rationalisierungen verlangen
laufend ein wachsendes und umfangreicheres Angebot
von Weiterbildungs- und Umschulungsmöglichkeiten

für Alt und Jung, sowie auch für Stark und Schwach.

Das Bildungsangebot hinkt ständig hintennach.
Schlechte oder versäumte Grundschul- und Berufsaus-
bildungen können fast nicht mehr verbessert oder
nachgeholt werden. Die Kluft zwischen Fachkräften und
Ungelernten vergrössert sich zunehmend. Stark betroffen
sind dabei jugendliche Aussteigerinnen und Aussteiger.
Wiedereinstieg, um nachzuholen ist enorm erschwert.
Und je länger die damit entstandene Arbeitslosigkeit
dauert, umso geringer wird die Anschlussfähigkeit,
die Chance einer Arbeitsanstellung. Die Gefahr, dass
Aussteiger resignieren, in Suchtabhängigkeiten gelangen,
gar in Verzweiflungtaten enden ist gross.
Zu einigen von diesen genannten Armutsbereichen sind
wir sehr schnell bereit zu sagen

"Bei uns braucht niemand zu verhungern.
Wer arm ist hat dies selbst verschuldet.
Wieso sollen wir Andern dafür aufkommen?"

**Die Welt hat genug für jedermanns Bedürfnisse,
aber nicht genug für jedermanns Gier.**
von <u>Mahatma Gandhi</u>

Ich meine nicht, dass wir für restlos unwillige
Mitmenschen Kraft und Geld nutzlos verschwenden
sollen. Glücklicherweise gibt es aber unter unsern
Schwächern nur ganz Vereinzelte, denen auf keine Art
mehr zu helfen wäre. Und es darf sich unser
Hilfsentscheid auf keinen Fall an der Frage messen:
"Selbstverschuldet oder Nicht", sondern allerhöchstens
an der Frage "Ehrliches Wollen oder Nicht".
Jede andere Denkweise stände im krassen Gegensatz zu
dem, was uns fast allen das Christentum lehrt,

**nämlich bei ehrlich gutem Willen immer wieder zu
helfen, selbst wenn es so oft wieder notwendig wäre.**

Jedes einzelne, menschliche Leben hat schlussendlich
nicht zuerst ein materielles Ziel, sondern die Entfaltung
von unseren inneren Fähigkeiten zu einer edlen Haltung
und Hildbereitschaft dem Schwächeren gegenüber.
Was wir einmal mitnehmen, wenn wir uns von dieser
Welt verabschieden, ist nicht materielles Guthaben und
Lebenskomfort, sondern vornehmlich unser seelisches
Wachstum an Verständnis, Güte und Gerechtigkeit
dem Nächsten gegenüber.
Heisst es doch auch klar und unmissverständlich:

**"Was nützte es Dir, wenn du die ganze Welt
gewännest,
aber Schaden littest an Deiner Seele".**

Auch scheint es mir wert, hier zu erwähnen, dass z.B. in
der appenzellischen Landsgemeinde alle, die sich zu
einer öffentlichen Aufgabe verpflichten, ermahnt werden,
dass sie bei der Verletzung ihrer Pflichten die
Gerechtigkeit Gottes verachten, sich schlimmer Strafen
schuldig machen, und das sowohl

IN DIESEM, WIE AUCH
IM JENSEITIGEN LEBEN ! -

Deutlicher als diese beiden Wortzeugnisse kann man es
wohl nicht zum Ausdruck bringen, in welchem Sinne wir
unsere Lebensaufgaben zu erfüllen verpfichtet sind.
Und unser Dasein hier ist im Vergleich zu unserm
Ewigkeitsdasein nachher weniger als nur winzig kurz.-
Wir müssen die Schwächeren in unserer Gesellschaft
moralisch mittragen, aufbauen und auf jeden Fall
verhindern, dass sie in irgendwelche Isolationsbereiche
oder Verzweiflungshaltungen abgleiten.
Der Text von unserem alten "Bundesbrief" zeigt deutlich
genug, dass unsere Vorfahren tief gottesfürchtig waren
und das gegenseitige Bündnis und ihre gegenseitige
Hilfe unter den Namen des Allmächtigen gestellt haben.
Dieser eidgenössische Grundstein ist mit schuld daran,
dass wir immer noch in einem von Gott behüteten
Heimatland leben können.

Genügt heute eine gegenseitige Hilfe nur mit Geld?!--

Geld ist die Macht der irdischen Welt,
nicht aber die Macht eines wahren Christentums !

Fragen wir uns doch auch wieder einmal, mit Blick auf
das "Nachher" nach dem entsprechenden Sinn und der
Aufgabe unseres Lebens

**Nur dann verstehen wir den Sinn der Worte:
"Die Welt gewinnen und seelischen Schaden leiden".**

Ja, meine lieben Mitschweizerinnen und Mitschweizer,
wir hätten wohl noch einige akute Themen in denen eine
Besinnung gut täte. Aber schliesslich wollen wir heute,
wie ich schon anfangs zum Ausdruck brachte, auch noch
Zeit haben zum Feiern.

Und so möchte ich das aufgeworfene Thema schliessen
mit der Ueberzeugung, im Namen von uns allen sagen zu
dürfen:

-- Wir danken vor allem unserem Schöpfer, dass wir in
  einem derart von Frieden, Freiheit, Schönheit und
  Reichtum gesegnetem Land zu leben haben. --

Und wir erkennen, dass uns mit diesen Werten und dem
Wohlergehen auch gleichzeitig die Aufgabe in den
Schoss gelegt ist, unsern "gesellschaftlich Ärmeren"
mit der notwendigen Zeit und dem erforderlichen,
moralischen Engagement ständig helfend, beizustehen.

Vermehrtes Aufeinander-Zugehen mit der dazu
notwendigen Verzichtbereitschaft !

Schwierige Lebens- und vor allem schwere
Zusammenlebens-Situationen erfüllen, anstatt den
Problemen davonzulaufen; dem Auseinanderleben
entgegenwirken; jegliche Vertrauensverletzungen und
Anonymitäten vermeiden.
Mit der Wahrheit umgehen, auch in der Presse.

Eine derartige Lebenshaltung wird nicht erst möglich,
wenn sich unsere Behörden dafür einsetzen oder
entsprechende Gesetze und staatliche Einrichtungen dazu
geschaffen sind!

Es kann nur funktionieren, wenn jeder einzelne sich
ständig in diesem Sinne einzusetzen versucht.
Auch unsere Parlamentarier und Regierungsmitglieder
sind Einzelne wie wir alle.

In einem demokratischen Freiheitsstaat wie der Schweiz
gilt immer noch die alt bekannte Wahrheit:

*"Im Kleinen und in der Familie muss beginnen,
was leuchten soll im Vaterland!"*

Nur so erhalten und verbessern wir unser gesellschaftliches Klima, den Bestand der familiären Geborgenheit,
und eine gesunde Schweiz auch in der Zukunft! --

**Ich danke Euch für Eure Aufmerksamkeit
und wünsche Euch allen
einen schönen festlichen Abend !**

===========================

14. März 2010

„Geistige Botschaften" ;

**Medialer Vortrag Josefs vom 18.03. 1961,
in Zeitschrift „Geistige Welt", Heft 2/2010.**

Josef weist hier auf die Tatsasche hin, dass die Menschen
wohl bereit sind die Botschaften der christlichen
Erinnerungstage, wie:

Weihnachten, Ostern oder Pfingsten

stets immer wieder weiter zu geben. Dies geschieht aber
leider nicht aus der Tiefe ihrer Seele, sonder bei vielen
nur rein geschäftsmässig. Sie denken vielmehr nur an die
dabei propagierten festlichen Vergnügen. Selbst aber
fangen sie an zu zweifeln und wollen nicht annehmen,
dass man eine Verbindung zur göttlich-geistigen Welt
erhalten kann.

Andererseits sind sie jedoch geneigt dunkle Mächte zu
anerkennen, die Einflussmöglichkeiten auf die Menschen
haben können.

Die Gebräuche für die Vertreibung von „bösen Geistern",
oder „Hexengeistern", welche zum Beispiel die Vorläufer
der heute landweit praktizierten Fasnachtsrituale sind,
zeugen davon; ebenso die in gewissen Kreisen immer
noch praktizierten „Hexenaustreibungen".

Man verkündet zwar über die Versuchungen Christi durch Luzifer, verneint aber die andere Möglichkeit einer Verbindung zur göttlichen Welt und deren grossen Einfluss auf den Menschen.

Sich ernsthafte Gedanken darüber zu machen sind die Menschen meist zu oberflächlich und zu träge.

Im Gesprächskontakt mit Mitmenschen kann man deshalb folgende Fragen stellen

- Glaubst Du an Gott und an Christus?
- Weißt Du über die Kontakte Satans zu Christus um ihn in Versuchung zu führen?
- Erkennst Du dabei auch, dass es ebenso die Möglichkeit der göttlichen Welt gibt eine Verbindung zwischen der geistigen Welt und dem Menschen zu unterhalten.
- Was bedeutet Dir denn nun, da Du dich Christ nennst, Weihnachten mit der Geburt Jesu, die Erlösung der Menschheit durch den Kreuzestod Christi, seine Auferstehung und das Pfingstgeschehen gemäss dem Versprechen Christi den **„Geist der Wahrheit"** zu senden.
- Wenn Dir diese Botschaften nichts spezielles bedeuten, warum lässest Du Dich Christ nennen und bist Mitglied der christlichen Kirche?

Kirchenaustritte

Beispiele im Kanton Zürich, gemäss Tagesanzeiger :

Im 2008 sind 2542 Menschen aus der katholischen
Landeskirche ausgetreten.
Im 2009 sind es 3864 Menschen; 52 % mehr als im 2008.
Die Reformierte Landeskirche verzeichnete im 2009
rund 300 Austritte mehr als im Vorjahr 2008.
Siehe dazu 37 Komentare im Internet (2010).

Die Studie des Forschungsinstitutes Zürich zeigt,
dass die Landeskirche mit einer immer grösseren Zahl
von Austritten zu kämpfen habe.

Die Statistik der Jahre bis heute (2019) zeigt, dass
die Zahl der Kirchenaustritte in der Schweiz laufend
etwas zunimmt.

───────────────

Kommentar und Wegweisung zu echtem Christentum

Wenn das Alte Testament, in der Zeit vor Christi, nicht durch Pharisäer und Schriftgelehrte so vielseitig gefälscht worden ware, würden viele wichtige, göttliche Wahrheiten noch bekannt sein.

Und wenn das Neue Testament, das heisst, die durch die Urchristen ueberlieferten, vom **"Geist der Wahrheit"** erhaltenen Botschaften und Belehrungen nicht durch die Kirchengewaltigen der Römischen Kirche nach eigenem Gutdünken geändert worden wären, würden keine unglaubwürdigen biblischen Ausagen, kirchliche Dogmen und Irrlehren bestehen.

Ohne Wahrheit kann es keine Erkenntnis geben.
von <u>Mahatma Gandhi</u>

Es gibt deshalb nur eine zuverlässige Wahrheitsquelle.
Es ist dieselbe, über die unsere Urchristen diese durch den <u>"Geist der Wahrheit"</u> erfahren durften.
Das Versprechen Christi, er werde uns den "Geist der Wahrheit" senden, gilt nach wie vor.

"Chriti Worte werden nie vergehen!"

Das Geistchristentum:
"Der Weg zur göttlichen Wahrheit !"

Das

" *Vaterunser* ",

ein tiefsinniges Gebet,

eine vielseitige Quelle

von Glaubens-
Wahrheiten,

ein Schlüssel zum

Verständnis der Bibel.

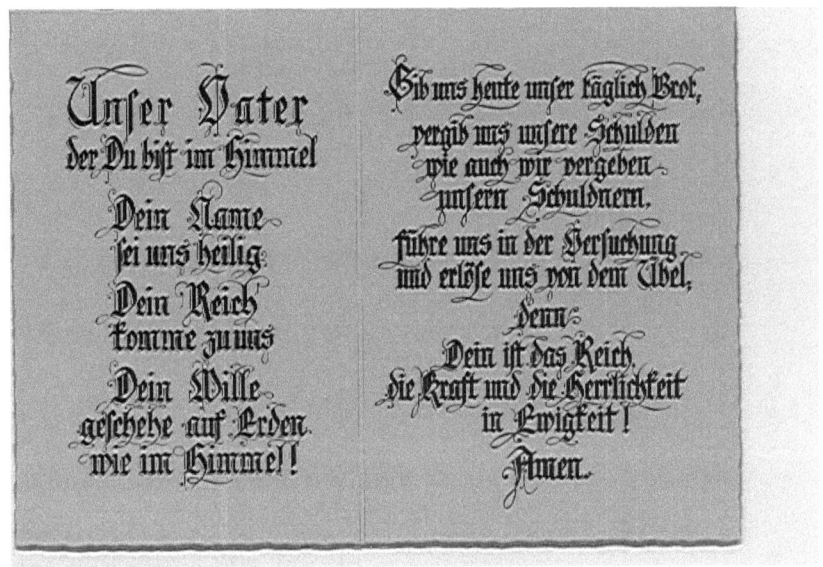

Prolog (Vorwort) :

Zum "Vaterunser" allgemein.

(Die Index-Angaben "n)" jeweils am Ende eines Abschnittes sind Hinweise auf eine persönliche Themaliteratursammlung des Autors, siehe Seite145.)

Es ist das Gebet, welches Christus seine Jünger beten lernte und dieses für die zukünftige Christenheit bestimmte.

So viele Menschen beten es.

Aber leider gibt es viele, welche dieses Gebet nur bruchstückweise oder fast gar nicht richtig verstehen; dieses lediglich gut auswendig gelernt, oft nur rein mechanisch, ohne entsprechende Gedanken und ohne besinnliche Andacht vor sich hin sprechen. 1)
Und so viele Völker beten nur ein Lippengebet. 2)

In diesem wunderbaren Gebet ist alles enthalten, was der Gläubige dem Vater zu sagen hat. Darin wird auch gesagt, was zu tun und zu lassen ist. 3)

Für den denkenden Menschen enthält dieses Gebet in seinem speziellen Wortlaut die wichtigsten Glaubens - Grundwahrheiten des Christentums. Darin haben sich viele Wahrheiten, welche in den rund 2000 Jahren seit Christi öffentlichem Auftreten verwischt wurden oder sich verfälscht haben, in ihrerem ursprünglichen Sinn erhalten.
Gott hat dem Menschen die wertvolle Gabe des vernunftmässigen Denkens verliehen. So ist der ernsthaft gläubige Mensch in der Lage religiöse Aussagen, welche sich in den vergangenen 2000 Jahren zu unglaubwürdigen Glaubensinhalten geändert haben, zu erkennen und zu den entsprechenden ursprünglichen Wahrheiten zurückzufinden
(Siehe auch in Epilog, ab Seite 137).

Deshalb kennt dieses wunderbare, uns von Christus geschenkte Gebet, das von der Christenheit gesprochen wird, an hohem Wert und Inhalt nicht seinesgleichen. 4)

Auch darf dabei keiner meinen, es genüge, ein paar
"Vaterunser" zu beten, dann bekomme man alles
von Gott, was man sich wünscht.
So leicht wird es dem Menschen nicht gemacht.
Hat ein Mensch aber einmal den richtigen Weg
gefunden, um von der Engelswelt, bzw. Geisteswelt
und damit von Gott, erhört zu werden,
so bedeutet dies für ihn eine unsägliche Stütze,
etwas Wunderbares. 5)

Es ist Pflicht und Aufgabe des Christenmenschen,
im Gebet mit Gott verbunden zu sein. Durch das
Gebet bekommt er Kraft für sein Leben. 6)
Und es eröffnet dem denkenden Christen wichtigste
Glaubensinhalte.

Zum Gebet gehört aber auch die Tat, das heisst,
das bessere Leben, soll das Gebet wirklich den
Weg zu Gott finden. 7)

Was für ein Versprechen liegt darin, wenn man
dieses Gebet spricht? —

Man lobpreist Gott; man glaubt an einen Himmel.
Sein Wille soll auf Erden geschehen;
man anerkennt Gott; man verspricht andern die
Schulden zu vergeben.

Man glaubt an das andere Reich.
Tut der sogenannte Christ dies alles wirklich?- 8)

Betrachten wir einmal die einzelnen Teile dieses,
unseres Gebetes und befassen uns dabei
eingehender mit dessen Inhalten und tiefsinnigen
Aussagen :

Zum ersten Wortteil : **» Unser Vater ... «**

Wir sprechen vom Vater. Das verheisst uns doch,
dass wir Kinder Gottes sind, 9)
und dass wir alle denselben Vater haben,
also alle Brüder und Schwestern sind.

Damit sind auch diejenigen unsere Brüder und
Schwestern die uns vielleicht unangenehm sind
oder die wir gar als "abstossend" empfinden. 10)

Auch Christus nennt Gott seinen Vater
(siehe neues Testament); Christus ist also auch
ein Geschöpf Gottes (Sohn Gottes) und wurde
geschaffen lange bevor er in Vereinbarung mit
Gott-Vater für die Erlösungsaufgabe als Mensch
auf unsere Erde hineingeboren wurde.

Zum zweiten Wortteil :

Unser Vater **» im Himmel ... «**
(... der Du bist im Himmel ...)

Christus, der uns dieses Gebet gegeben hat
bezeichnet damit den Ort wo Gott-Vater thront, -
den Himmel. 11)

Den Himmel können wir Menschen jedoch nicht
sehen; er ist für uns als ein mit für diese materielle
Welt notwendigen Sinnen ausgerüstetes und
geschaffenes irdisches-menschliches Wesen ein
unsichtbarer, ausserirdischer Ort, ein Ort des
geistigen Lebens von Gott, Christus,
den Erzengeln und den Engelscharen. 12)

Siehe hiezu auch die näheren
Erläuterungen auf Seite 139.

Zu uns sagte Christus:

» Da wo ich hingehe,
sollt auch ihr hinkommen. «
(Siehe Joh.7,33; 13,1-3; 14,2; 16,5-7)

Leider wollen viele Menschen, selbst solche, welche
beten: » ... der Du bist im Himmel «,
nicht verstehen und begreifen, dass es eine für uns
unsichtbare Welt gibt.
Sie sagen ja auch nicht:
"Unser Vater der Du bist auf Erden".

Vom Himmel aus trat Christus,
Gottes Sohn in dieses menschliche Dasein. 13)

Und nach Erfüllung seines Erlösungsauftrages ist
Christus wieder in diesen Himmel zurückgekehrt
(Siehe hiezu.
"Christi-Himmelfahrt" im neuen Testament).

Zum dritten Wortteil:

» Dein Name sei uns heilig. «

Geheiligt ist sein Wille / Heilig seine Gesetze. 14)

Einer Sache, welche einem heilig ist
begegnet man nicht in
gleichgültiger oder halbherzig-
oberflächlicher Art und Weise.

Mit diesem Worteil erkennen wir
wie mächtig und gerecht,
wie liebevoll und gnadenreich
der himmlische Vater wirkt.

Zum vierten Wortteil:

» Dein Reich komme zu uns ... «

Aus diesem Reiche bekommen wir ständig den Beistand fürs Leben; wir bitten auch darum. 15)

Es ist die Engelswelt, die Geisteswelt Gottes die im Auftrage Gottes und im Namen von Christus hier ihren Beistands-Auftrag erfüllt. 16)

Diese Bitte heisst doch, dass man es gewinnen muss, dass dieser Beistand zu den Menschen kommen kann. 17)

Viele Menschen denken aber bei dieser Bitte:

"Dein Reich komme zu **mir**".

Es bedeutet aber:
"Dein Reich komme zu **jedem**". 18)

Es bedeutet auch: Die volle Harmonie, die der
Himmel besitzt, soll zu allen Menschen kommen,
soll jeden Menschen umgeben können. 19)

Dies erfordert ein Leben der Nächstenliebe. 20)

Es muss ein Streben nach dem höheren Sinn
des Lebens sein. 21)

Es soll das Reich des Friedens und der Seligkeit
auch auf die Erde kommen. 22)

Das ist möglich, wo der Mensch in Friede, Liebe
und Barmherzigkeit, die Harmonie in und um sich
schafft. 23)

Das heisst, wo der Mensch in diesem Sinne ein
gottgefälliges Leben führt. 24)

Der einzelne Mensch sollte auch in seinem Herzen,
in seiner Seele Träger des Reiches Gottes sein,
dies gemäss Lukas 17.21:
"Das Reich Gottes ist inwendig". 25)

Zum fünften Wortteil:

» Dein Wille geschehe ... «

Viel Hilfe, Trost, Hoffnung und Zuversicht kann Gott dem Menschen spenden, welcher erfasst hat, dass nicht sein, sondern der Wille Gottes heilig ist, und dass der Mensch nach Gottes heiligem Willen forschen muss. Zuviel ist das Denken des Menschen überschattet von allem Irdischen, vom Glanz dieser Erde. So muss man nach Erkenntnis des göttlichen Willens ringen, entsprechend unserem Gebet:"Dein Wille .... 26)

Wenn der Mensch betet: "Dein Wille geschehe auf Erden wie im Himmel", so gibt er doch zu, dass es ein Himmelreich gibt, wo Geschöpfe Gottes zusammenleben, und dass bei ihnen auch der Wille des Vaters zum Ausdruck kommt.
-- Dass es also noch eine andere, bedeutungsvolle
    Welt gibt ausser der des Menschen. 27)

Der Mensch soll (darf) nicht meinen, dass er über 2000 Jahre nach Christi Geburt die Vollkommenheit erreicht hätte. Wir erleben täglich was der Mensch auf Grund seines freien Willens stets für Unheil anrichtet auf dieser Erde.
Deshalb hat dieses Gebet nicht im Geringsten an Bedeutung verloren. 28)

Gottes Wille ist es, dass das Gute getan und das Böse überwunden wird. 29)

Diesem Willen unterstehen alle Menschen,
auch die Nichtchristen. 30)

Der Wille Gottes kann wohl am Menschen
geschehen.

Der Mensch aber muss erkennen,
dass er sich an die Ordnung und die Gesetze
Gottes halten muss; und er muss erkennen,
dass noch etwas anderes da ist,
das seinen Willen durchsetzen möchte.

Gott hat dafür allen Menschen den freien Willen,
also die Möglichkeit geschenkt, selbst zu
entscheiden, ob er Gott zugehörig sein will -- oder
dem Andern... 31)

Zum sechsten Wortteil:

» Gib uns unser tägliches Brot ... «

Dazu gehört wohl alles, was der Mensch zu seinem
Lebensunterhalt braucht: das Gedeihen der Natur,
Brot, Haus, Gesundheit, Behütung vor Unglück. 32)

Es heisst aber: "Gib **uns**, nicht gib **mir** ..." 33)

Mit dieser Bitte wendet sich der Mensch nicht auf
die auf Erden lebenden Menschen,
sondern an Gott. Er wendet sich also über das
Irdische hinaus, hin zum Geistigen..-- 34)

Zum siebten Wortteil:

» Vergib uns *) unsere Schulden, wie auch wir vergeben unsen Schuldnern ... «

*) Alle Menschen sind darin eingeschlossen,
nicht nur ich. 35)

Das heisst doch: Wenn wir nicht bereit sind unsern Schuldnern zu vergeben, so sind uns vor Gott unsere Schulden auch nicht vergeben, womit wir dereinst beim Sterben schuldbeladen diese irdische Welt verlassen. 36)

Das bedeutet doch, dass die Erlösung Christi nicht den Sinn hat, dass wir beim irdischen Tode quasi automatisch von solchen Schulden befreit sind ! 37)

Die Erlösung Christi bestand darin, dass Christus trotz allen denkbar möglichen Anfechtungen, mit seiner Gottestreue und Standhaftigkeit, den grössten Verführer, nämlich Satan besiegt, und dessen bisherigen uneingeschränkten Machtbefugnissse über die Menschheit derart eingeschränkt har, dass der Weg zur geistigen Höherentwicklung näher und zurück zu Gott für die Menschheit frei geworden ist. 38)
  -- "Niedergefahren zur Hölle (Gericht),
      und am dritten Tage auferstanden".--

Wenn der Mensch überall vergeben, verzeihen kann, vollzieht sich bei ihm eine geistige Busse und reinigt seine Seele. 39)

Zum achten Wortteil:

» Führe uns in der Versuchung ... «

Gott führt die Menschen nicht in Versuchung!
Es sind die tiefen Mächte,
die uns in Versuchung führen.
Dies ist ein Restrecht,
das dem Satan anlässlich des Gerichtes
durch Christus noch gelassen wurde.

So bitten wir Gott, er möge uns führen,
solchen Versuchungen aus tieferen Mächten zu
widerstehen. 40)

Wir stehen immer unter dem Einfluss zweier
gegensätzlicher Welten, auf der einen Seite den
Kräften der niederen Geisteswelt und andererseits
den Eingebungen der guten Geisteswelt
(Engelswelt).

Die Entscheidungen liegen auf Grund des uns
von Gott geschenkten freien Willens stets bei
uns selbst.

Wenn wir aber beten:

"Führe uns nicht in Versuchung", dann müssen
wir dies so verstehen, dass wir Gott bitten uns vor
solchen Versuchungen zu beschützen. 41)

Zum neunten Wortteil:

» Und erlöse uns von allem Uebel... «

Das heisst doch nichts anderes, als dass Gottes
Engelwesen die "Belzebuben", die niederen Kräfte
Satans und alle, welche uns zum Bösen verleiten
wollen, von uns fernhalten möge.
Das Uebel sind eben all jene niederen Kräfte
welche uns gegen die Gesetze Gottes zu handeln,
zu verleiten versuchen.
Siehe auch Erläuterungen ab Seite 139:

Alle Lebewesen auf dieser Erde, und damit auch
der Mensch, sind von Gott mit all jenen Fähigkeiten
und Sinnesbereichen ausgerüstet, die sie für den
Unterhalt und die Tätigkeit im irdischen Leben
benötigen.

Ein Beispiel ist die Wahrnehmung von Schallwellen.
Unter **Schall** vesteht man mechanische
Schwingungen und Wellen mit Frequenzen bis
500'000'000 Schwingungen pro Sekunde.

Das menschliche Ohr kann aber nur
Schallschwingungen zwischen 16 - 20'000
Schwingungen pro Sekunde
(ca. Tonbereich über 9 Oktaven) , das heisst

**nur ¼-Millionstel des gesammten
physikalischen
Schallschwingungs-Bereiches wahrnehmen.**

Ein anderes Beispiel ist die Wahrnehmung von
Licht (Teilbereich der elektromagnetischen
Schwingungen). Der gesammte Bereich der
Lichtschwingungen geht bis 400 µ.
Das menscliche Auge kann nur Lichtwellen der
Grössen zwischen 0,4 - 0,77 µ
$((38,5 - 75) \times 10^{13}$ elektromagnetische
Schwingungen pro Sekunde), das heisst

nur zirka den 10 -Millionstel Teil des gesammten
elektromagnetischen
Schwingungs-Spektrums wahrnehmen.

Damit kann der menschliche Organismus zum
Beispiel Radiowellen, Ultrarot, Ultraviolett,
Röngenstrahlen, Gammastrahlen und kosmische
Strahlen nicht wahrnehmen.
Rein aus mannigfaltigen Erfahrungen kennt der
Mensch das Phänomen der Gedankenübertragung,
eine Austrahlung von Gedankeninhalten eines
Menschen über weite Distanzen zu einem anderen,
auf diese Gedanken-Wellenlänge ansprechenden
Menschen.
Physikalisch sind uns Menschen solche
Phänomene noch nicht fassbar.
Diese Beispiele zeigen uns aber, dass es
 'Zwischen Himmel und Erde'
noch so vieles gibt, das für unsere menschlichen
Sinne nicht direkt schaubar ist.
Es ist der überhebliche (kleine) Mensch,
der zum Beispiel sagt :
"Was ich in solchen Fragen nicht selbst gesehen
habe, glaube ich nicht und existiert nicht."

Die für uns organisch - wahrnehmbaren physikalischen Schwingungsspektren sind Beispiele aus unserer materiell verdichteten, irdischen Welt.

Ausserhalb (oder überhalb) dieser Welt gibt es noch eine andere, feinstofflichere, unserem Weltsystem übergeordnete, für uns physikalisch nicht direkt erfassbare Welt; eine die wir teils auch als Himmel bezeichnen.

Epilog (Nachwort)

Wie im Prolog angeführt, enthält das "Vaterunser" in den einzelnen Wortteilen wichtigste Glaubens-Wahrheiten des Christentums, welche in den einzelnen Erklärungen angezeigt sind.

Gleichzeitig erschliessen sich daraus zwingend weitere bedeutungsvolle Erkenntnisse.

Solche offenbaren sich uns im tieferen Sinn zwischen den Zeilen des "Vaterunser" als zusätzliche Glaubenswahrheiten.

Sie sind wie Offenbarungen zu verstehen.

Erste Offenbarung:

Der Mensch einst ein reines Geschöpf Gottes.

- Im siebten Wortteil, Seite 6 beten wir um
  Vergebung unserer Schulden.
  Dies weil wir unvollkommene Menschen stets
  straucheln oder sündigen,
  und daraus entsprechende Schluden tragen.
- Wir wissen aber, dass Gott als höchste,
  vollkommene Wesenheit in seiner
  allumfassenden nie endenden, nie erschöpften
  Liebe zu allen durch ihn geschaffenen Wesen,
  nie sündhafte Menschen, sonder ursprünglich
  nur reine Wesen geschaffen hat.

  Jegliche gegenteilig lautende Aussage
  wäre grösster Widerspruch.

- Gemäss erstem Wortteil, auf Seite 120 und
  gemäss Bibel sind wir Kinder Gottes.
- Auch wissen wir, dass Gott uns nach seinem
  Ebenbilde, das heisst mit dem Geschenk eines
  freien Willens geschaffen hat.
  Er hat uns also mittels dem freien Willen die
  Möglichkeit gegeben sich seinen heiligen
  Gesetzen zu widersetzen und gegenteiligen
  Zielen zu folgen.
- Nachdem wir Menschen alles andere als reine,
  sündfreie Geschöpfe sind, muss einst der Fall
  eingetreten sein, dass wir die uns vorgegebenen,
  göttlichen Gesetze aufs Gröbste verletzt haben
  und damit grosse Sünde, Unreinheit und dem
  daraus entstandenem Unglück verfielen.
  Dieser Fall darf aber sicher nicht mit der Fabel
  eines verbotenen "Apfelessens" in
  einem Erdenparadies abgetan werden!

Mit diesem Fall (als Engelssturz bezeichnet) haben wir uns vielerlei Fehlverhalten verschiedenster Art angeeignet, welche zu unseren heutigen, fest in uns verankerten, schlechten Charaktereigenschaften geführt haben und nur bei grossen Anstrengungen über lange Zeiträume hinweg wieder abgelegt werden können.

♦ Gemäss dem zweiten Wortteil wissen wir, dass einerseits Gott im Himmel thront und Christus nach Vollendung seines Erlösungswerkes zurück in den Himmel aufgefahren ist.

♦ Im weiteren berichtet uns die Bibel mannigfach von der Engelswelt im Himmel, in welchem diese gemäss den vorgegebenen göttlichen Gesetzen treu zu Gott und Christus lebt und wirkt. Damit sind die Engel ebenfalls als Kinder Gottes zu uns Geschwister.

♦ Es muss also so sein, dass die heutigen Menschen vor ihrem göttlichen Ungehorsam auch zu dieser guten Geisteswelt gehört haben und deren Welt heute leider nicht mehr würdig sind.

♦ Die Bemühungen Gottes, Christus, der ganzen himmlischen Geisteswelt, für unser jetziges irdisches Dasein, geht offenbar dahin, uns im Laufe der Zeiten innerlich, charakterlich wieder dahin zu schulen, zu entwickeln, dass wir einst wieder würdig sein werden, in diesen Himmeln zu leben und zu wirken.

Deshalb sagte uns Christus auch :

» Da wo ich hingehe, sollt auch ihr hinkommen. «

(Siehe Joh.7,33; 13,1-3; 14,2; 16,5-7)

Aus all diesen Zusammenhängen
resultieren wertvolle Erkenntnisse
zu fogenden Glaubens-Wahrheiten:

- ◆ **A)** Wir sind Kinder Gottes, Geschöpfe Gottes.
- ◆ **B)** Gottes Heimat ist der Himmel ;
  Christus, als Sohn Gottes hat dieselbe
  Heimat, nämlich den Himmel ;
  der Himmel ist auch die Heimat einer
  unendlich grossen Engelswelt,
  das heisst der Geisteswelt;
- ◆ **C)** der Himmel war für uns, als einst noch
  reine Wesen Gottes auch unsere wahre,
  Ursprungs- Heimat;
- ◆ **D)** durch göttlichen Ungehorsam haben wir
  leider einmal diese himmlische Kindschaft
  und Heimat verloren;
- ◆ **E)** durch Christi Erlösungswerk wurde der
  Menschheit
  die Rückkehr-Möglichkeit geschaffen;
- ◆ **F)** die hiezu notwendige Reinheit,
  Charakterstärke, Beständigkeit und Würde
  wieder zu erlangen geht nur über lange,
  harte seelische Arbeit und Schulung, wie
  sie gegeben ist über menschliches Dasein.

Zweite Offenbarung:

Der Mensch heute ein aus schlimmster satanischer Knechtschaft erlÖstes Geschöpf Gottes.

♦ Die vorangegangenen Erkenntnisse bedeuten, dass die Anzahl der Gott untreu gewordenen Wesen für unser Verständnis unendlich gross sein muss.
Allein schon die uns bis heute bekannte Grösse der bisherigen Menschheit ist enorm gross.

♦ Zu all den von Gott abgefallenen Wesen gehören aber nebst der Menschheit all jene Unseligen der satanischen Bereiche. Es sind dies jene, welche dem Führer dieser höllischen Bereiche und ihrem stets bösem Tun und Wirken noch völlig verfallen und hörig sind.

♦ Gott muss einst dem durch gesetzeswidrigem Tun geprägten Ungehorsam im Himmel mit unermesslicher Geduld, dies über für uns kurzlebigen Menschen unermessliche Zeiten, zugeschaut haben, dass die so sündhaft gewordenen eine so grosse Zahl geworden sind.

♦ Dies war von Gott aus offenbar wie eine Prüfung **aller** Geschöpfe Gottes, so weit bis sich die Gesetzte verletzenden von den Gesetzestreuen eindeutig herauskristallisiert hatten.

◆ Dann schritt Gott ein.
Die Gesetzeswidrigen wurden aus den Himmeln
gestürzt (Lukas 10,18)
und in eine für sie von Gott in Voraussicht
geschaffene, eigene Welt (Hölle) gebannt.

◆ Die den Geschöpfen Gottes geschenkte göttliche
Wirkungs- und Schöpfungskraft mit der damit
verbundenen Glückseligkeit ist verknüpft mit der
Einhaltung der vorgegebenen geistigen Gesetze
Gottes.
Die Nichteinhaltung bewirkte beim Engelssturz
den Verlust dieser göttlichen Kräfte.

◆ Die Gestürzten (nun die "geistig Toten") verloren
auch ihre Rückerinnerungen an ihre Zeiten in den
Himmeln
(siehe auch Pred. 9, 5 :die Toten wissen nichts !).

Sie sind in ihrem Geiste tot.

◆ Nach diesem geistigen Fall ist offenbar bei vielen
der Betroffenen, die nun unter der
Schreckensherrschaft ihres Führer in grosser Not
ihr Dasein zu fristen hatten eine grenzenlose
Ernüchterung eingetreten und Reue kam auf.

◆ Durch ihre Gefolgschaft zum Stärksten dieser
höllischen Heerscharen sind sie derart in dessen
Knechtschaft gefallen, dass sie sich aus eigener
Kraft nicht mehr daraus zu befreien vermochten.
Sie waren sein Eigentum geworden.

- Gottes unendliche Gerechtigkeit geht so weit, dass er gegen den Verkauf der eigenen Seele aller dieser Gefallenen (eine Funktion des eigenen freien Willens) an den obersten "Rädelsführer", letzterem das Recht des entstandenen Knechtschaft-Besitzes nicht abspricht. Dies auch unter dem Argument des "Bösen", dass man ihm zuerst beweisen müsse, dass es etwas Besseres und Stärkeres gibt als das Böse.

Gott in seiner unerschöpflichen Gerechtigkeit lässt selbst ein solches Argument gelten.

- In seiner unermesslichen Liebe hat Gott einen Weg erwogen, um eine Rückkehr der Gefallenen aus diesen höllischen Bereichen zu ermöglichen. Dies kann aber, wie vorgangs festgestellt, auf Grund der unerschöpflichen Gerechtigkeit von Gott nur durch eine Beweisführung geschehen, dass bei einem Menschen die Treue zu Gott stärker sein kann als alle Gegenmittel die der "Böse aufzubringen vermag.

- So war die menschliche Geburt eines dazu bereiten Messias geplant und geschehen (siehe Bibel : Ps.19,15; 78,35; 111,9; Jes.41,14; 43,14; 44,6; 49,7; 49,26; 54,8; 59,20; 63,16; Jer.50,34; Mi.5,1-3; Luk.1.68; 2, 38; 21, 28; Joh.1, 41; 4, 25; Röm.3, 24; 11, 26; 1.Kor.1, 30).

- Wie das Neue Testament vielfältig berichtet, hat Christus das geplante Erlösungswerk vollbracht und den oben erwähnten Beweis erbracht.

- Anschliessend ist Christus in die Hölle gefahren und hat Satan unter ein neues Gesetz gestellt.

- Nun kann Satan den Reuigen nicht mehr verwehren den Weg zu Gott zurück zu suchen, kann nicht mehr unumschränkt über seine bisherigen "Knechte" und dessen freien Willen verfügen, bzw. schalten und walten.

- Was ihm geblieben ist, ist die Möglichkeit der Versuchung, also der geistigen Beeinflussung.

- Die Erlösung ist also die Befreiung von der Sünde des einstigen Abfalles von Gott.

- Die aber noch verbliebene seelische Verderbtheit, allgemeine Sündhaftigkeit muss jedoch jedes einzelne Befreite selbst abtragen, und dies stets mittels der eigenen Entscheidung auf welcher Stimme er mehr Gehör schenken wird.

- Für solch notwendige, meist nicht leichte "Lehrpfade" hat Gott auch diese Erde (die irdische Ebene) geschaffen.

Vorderhand abschliessend:

Die Studie zeigt, wie sich aus der Vielseitigkeit und
Tiefsinnigkeit dieses Gebetes,
das uns Christus gebracht hat, in logischer
Abhängigkeit so viele grundlegende
Glaubenswahrheiten offenbaren.

Wenn man mit den hier gewonnenen Erkenntnissen
Schritt für Schritt die Bibel konsultiert und
unvoreingenommen von konfessionellen
Bibelauslegungen, Dogmen und den über die seit
der Zeit der Evangelisten entstandenen
Fehlübersetzungen oder eigenwilligen
Änderungen, sorgfältig überdenkt, gewinnt der
Mensch weitere wertvolle, geistig bereichernde
Erkenntnisse.
Die Frage nach Sinn, Zweck und Ziel unseres
menschlichen Lebens, und der Schöpfung der Welt,
und unserer irdischen Ebene "Erde", wird für uns
bald nicht mehr nur
Geheimniss, nur *"Buch mit sieben Siegeln"* sein.

Die Geheimnis-Theorien unserer konfessionellen
Kirchen kommen nicht von Gott; hat doch Christus
vor seinem Weggang (Auffahrt) versprochen, er
werde uns *"den Geist der Wahrheit "* senden
(Siehe Joh. 14,15-17; 15,26; 16,13).

Für das weitere Studium über die Wahrheiten der
christlichen Botschaft wünsche ich jedem aufrichtig
Interessierten viel geistigen Erfolg: Der Literat.

Hinweise auf die persönliche Themaliteratursammlung "Geistige Welt"-Zeitschrift-Ausgaben
(Jahrgang / Heft / Seite /Abschnitt, oder
Jahrgang / Seite / Abschnitt),
des Literaten zu obigrm Thema "Das Vaterunser":

1) 53 7.7.7 ff.

2) **Buch-Bd.III S.169**

3) 53 12.5.4 ff; 68 335.1

4) 74 343.1 ff.

5) 78 47.6

6) 74 32.6

7) 64 315.4

8) 79 116.7

9) 58 71.7 ff.

10) 61 317.5

11) 68 89 ff.

12) 68 324.3 ff.

13) 78 25.4

14) 58 71.7

15) 61 105.3

16) 68 90.4

17) 61 106.3

18) 64 147.5

19) 64 148.7

20) 64 156.2

21) 64 294.5

22) 64 318.2

23) 68 21.6 ff

24) 73 360.2

25) 78 87.8

26) 64 319.2 f.; 68 23.3 f.

27) 68 335.1 ff.

28) 74 169.5 f.

29) 78 159.3 .

30) 81 19.3

31) 74 343.2 f.

32) 59 150.6 f.

33) 64 147.6

34) 80 54.3 f.

35) 86 62.12

36) 80 75.10

37) 74 6.3 ff.

38) 74 377.4

39) 68 23.8

40) 50 31.8.8

41) 58 16.2 f.

==============================

Des Menschen Pilgerwege ; Gedanken vom 7.04.2002
(Medialer Vortrag von Lene vom 15..09.1971 in „GW")

■ Geistiger Pilgerweg;   …
„Wir sind auf dem irdischen Pilgerweg,

■ Irdischer Pilgerweg.
um dem geistigen Pilgerweg zu folgen!".

Wegweiser zum **Geistigen Pilgerweg** sind die
Botschaften der christlichen Erinnerungstage an den
Herrn, wie Weihnachten, Ostern und Pfingsten.

Man findet sie auch in Christi Gleichnissen.
Sie bergen geistigen, nicht weltlichen Sinn.
In der Stille sich vom Weltlichen lösen;
sich in Gedanken über Sorgen und Probleme lösen.

Der Mensch bedarf dazu auch eines Pilger- und
Wanderstabes, denn der Weg ist lang und mühsam.
Diesen Stab, diese Stütze muss er aber selbst herstellen:
Reisetasche mit einem Notvorrat an „Geistiger Speise",
das heisst, die Verbundenheit mit der göttlichen Welt
durch das Gebet. Die himmlischen Wesen führen dem
Menschen „Geistige Nahrung" zu

>>Lebendiges Brot, lebendiges Wasser<<.

Der menschliche Pilgerer muss im Glauben leben.
„Regelmässige tägliche Besinnungszeit!"

Des Menschen Wunsch
nach einem Paradies.

A) Einleitung

So viele Menschen wünschten sich das Paradies auf
Erden. Ein Paradies in welchem

- Alle Menschen nur noch in Frieden
  zusammenleben würden;
- jeder die Möglichkeit hätte, sich entsprechend
  seinen Talenten und Fähigkeiten in
  ethisch wertvoller Weise zu entfalten,
  sich dabei stets weiter zu entwickeln
  und tätig zu sein;

> **» Lasst jedermann das tun,**
> **was er am besten versteht! «**
> (Marcus Tullius Cicero)

- jeder diejenigen Mittel benützen könnte, die er für
  eine sinnvolle Lebenstätigkeit,
  seinen Talenten und Fähigkeiten entsprechend,
  braucht;
- jeder dabei eine positive Entwicklung seines
  persönlichen Seelenheils erfahren kann;
- alle einander stets positiv fördernd unterstützend,
  helfen würden,
  dies im wahren Sinne des Slogans

» Alle für Einen, Einer für Alle ! «
» Die Menschen kommen durch nichts den
Göttern (Gott) näher,
als wenn sie Menschen glücklich machen. «
(Marcus Tullius Cicero)

Das würde bedingen, dass:
• Neid, Eifersucht, persönliche Geltungssucht und
Tendenzen zu irgendwelchen
Machtansprüchen gegenüber Mitmenschen absolut
der Vergangenheit angehören würden;
» Vor Gott und dem Herrn
gibt es kein Ansehen der Person! «
(2.Ch. 19,7/ Röm. 2.11/ Eph. 6.9)

• sich die Denk- und Handelsweisen der Menschen
nur noch auf ethisch deale Ziele konzentrieren;
• dass ein Bewusstsein, dass alles gemeinschaftlich
Allen gehört; und dies anstelle von rein persönlich
materiellen Wünschen, Denken und Handeln tritt.

Wenn das alles so wäre, würden wir für die
Besorgung unserer lebenserhaltenden Mittel, zum
Beispiel keine Geldwirtschaft benötigen. Wir hätten
finanziell weder Arme noch Reiche. Aber wir hätten
in den verschiedensten Gebieten von Wissenschaft,
Kunst und menschlicher Hilfe Talente und
Tätigkeitsbereiche unterschiedlich verteilt, eine
andere Differenzierung von Arm und Reich.
Wo dabei sich der eine talentiert reich schätzen darf,
kann ein anderer weniger fähig sein.

Solches einerseits neidlos, anderseits dankbar für
seine anders gelagerten Fähigkeiten, verstehen und
gut heissen zu können, würde das Paradies auf Erden
ermöglichen.

Und es kann uns Menschen wahrlich nicht schaden,
wenn wir uns Bilder schaffen eines möglichen
irdischen Paradieses.

Aber wie sieht heute das Schauspiel auf unserem
Lebensstandort Erde aus.

Die heutige Medienlandschafrt präsentiert tagtäglich,
und die Geschichte seit vielen Jahrhunderten, ja gar
Jahrtausenden, ein extrem anderes Bild.

B)

Leider verhindern erschreckende Schauspiele auf
unserer Erdenbühne solche paradiesische Ideale,
und verurteilen diese zu Utopien.

In all den laufend unzähligen erschreckenden
Beispielen kennt die Menschheit viele Zuhörer,
Zuschauer, stille und stumme, die diese Schauspiele
wohl betrachten — aber stumm sind sie.

Zu diesen Schauspielen gehören

**die Kriege, der Hunger,
das Elend, die Unterdrückung,
eben das Furchtbare, das Erschreckende.**

Unsere Erde ist geprägt von stetiger Gewalt und
Machtstreben. Nach den beiden kürzlichen
Weltkriegen wird weiter gerüstet.

Eine stes zunehmende Zerstörung von Umwelt,
Pflanzen- und Tierwelt schreitet grausam voran.
Entwicklungsländer werden brutal ausgebeutet;
führt unabwendbar zu einer hoffnungslosen
Überschuldung der ohnehin schon armen Länder.
Hunderte von Millionen sterben immer wieder den
Hungertod.
Es sind jahrelang dieselben Schauspiele die man mit
ansieht. Doch es sind nicht immer dieselben Akteure
auf der Bühne. Im Zeitenlauf gehen die Einen und
Neue kommen.
Das heisst, die jeweils Neuen bringen dieselben
Mentalitäten, oder dieselben theatralisch
erschreckenden, Eigenschaften mit auf diese Bühne.
Und hinter den Kulissen dieser Bühne, nämlich dort,
woher die Neuen auch herkommen, werden stets
neue Dramen vorbereitet, neue Schauspiele eingeübt.
So ist unsere Welt. —
Was nützt uns dabei der technische Fortschritt?,
der dabei die Gefahren dessen Missbrauchs
vermehrt. Dies weil der hiezu notwendige geistige
Fortschritt menschlicher Verantwortung,
und der Erkenntnisse des tieferen Sinnes unseres
menschlichen Daseins, nicht Schritt hält.
Im Gegenteil, allgemein zerfällt Wertschätzung;
verdrängt von zunehmendem Hochmut und
Materialismus.
Wie viele, viele, tausende oder mehr Jahre wird in
unserer Welt dieses erschreckende Schauspiel noch
gespielt –

Der Mensch, der gegenüber dieser Welt offen ist,
wird Kunde bekommen von all dem, was hinter den
Kulissen stets vorbereitet und auf dieser grossen
Weltbühne immer wieder nur aktiviert wird.
Und wenn ein Drama sein Ende findet, ist längst ein
neues fällig geworden. So kann man diese Welt als
eine grosse, gewaltige Bühne betrachten.
Denn heute kann sich wohl kaum ein Mensch dem
gegenüber verschliessen, was auf dieser Bühne
gespielt wird.

Und sollten sich da und dort
menschliche Herzen erweichen,
sollte es nicht dabei Mitleid geben?

Soll er dann nicht die Möglichkeit haben, in sich zu
kehren, um sich Gott zuzuwenden? Er kann das; er
kann Gott bitten, er kann es. Was aus seinem Bitten
wird, -- mag es wohl diese Weltbühne erschüttern?
Mag wohl die Stimme Gottes, Gottes Wort, diese
Bühne aufschrecken, diese stummen Zuhörer?
-- Nein. — Sie hören Gottes Wort nicht.
Würden sie ihn hören, würde diese Bühne
abgeschafft.
So lange der Mensch, unbekümmert um die Situation
seines Nächsten, nur persönlich-eigenen Interessen
nachlebt, werden mehrheitlich alle gegen alle sein.
Er setzt einen Teufelskreis in Bewegung, in dem
jeder sich egoistisch bereichert, überall nimmt
soviel er kann.

So erhält sich eine unheilvolle gesellschaftliche Gepflogenheit im Gleichgewicht der gegenseitigen Ausnützung aller Nächsten untereinander.

C)

Die ohnehin Ärmsten, und damit die Schwächsten, sind darunter die meist leidtragenden dieses Teufelskreises. Dies ist auch der Nährboden von Neid, Eifersucht, Unehrlichkeiten, Diebstahl, Materialismus und Gewalt.
Die einzige, diesen Teufelskreis brechende, neue Denk- und Handlungsweise kann nur erreicht werden durch die richtige Erkenntnis des von Gott vorgegebenen Lebenssinnes; dem Füreinander, einem jeglichem Leben hochachtenden Wirkens, einem uneigennützigen, ehrlichen, gegenseitigen Helfens. Diesen Weg muss der Einzelne, trotz eventuellen Widerständen auch mutig und offen gehen.

Er muss bereit sein dazu, obgleich Andere dies nicht tun und vorbildlich Willige noch mehr ausnützen und in Mitleidenschaft ziehen.
Es ist das notwendige Opfer, damit dieser noch allzeitige Teufelskreis gebrochen und gestoppt werden kann. Die Ausrede,
„Was nützt dies, wenn fast
alle Andern dies nicht auch tun",
ist eine Nichtbereitschaft zu solchem Opfer, ist Nahrung und Unterstützung dieses Teufelskreises.

Christus hat nach seiner entsprechenden
Lehrtätigkeit abschliessend das wegweisend,
eindrücklichste Beispiel eines lückenlosen
opferbereiten Einsatzes zur Beendigung teuflischer
Macht gegeben, das die Welt je erlebt hat.

Leider haben viele Mitmenschen noch gar nicht
erkannt ,was die von Christus erreichte
„Erlösung der Menschheit"
(Erlösung aus der Todsünde und der einst noch
geltenden teuflischen Knechtschaft)
 wirklich alles beinhaltet.
Dazu kann in einem weiteren Schriftswerk speziell
eingegangen werden.

Mit solchem Wissen können wir die entsprechend
notwendige Lebenshaltung erkennen.

Eine Haltung, mit welcher wir dem Gebot

**„Liebe Gott über alles
und Deinen Nächsten wie dich selbst!"**

nachleben und wirken.

Darin ist Alles enthalten: Aufopferung, Verständnis,
Güte, Gerechtigkeit.

Aber die Welt sieht heute noch ganz anders aus.

D) Voraussetzungen für ein Paradies

Notwendig ist ein Erkennen, warum Gott uns in diese
Welt gesandt hat.
Gott wünscht, dass die Menschen nach der Wahrheit
suchen; dass sie selbst denken und nicht andere für sich
denken und handeln lassen.

Für ein Paradies muss jeder Mensch gegenüber seinen
Mitmenschen eine soziale Verantwortung tragen.
Dies setzt voraus, dass für ihn materielles Streben nach
eigenem persönlich, weltlichen Besitz nicht das
Wichtigste ist. Dass für ihn die ethischen Werte seiner
Tätigkeiten und Bemühungen erstrebenswert sind.

Dies nach dem Motto: „Alles gehört Allen."

Die Welt hat genug für jedermanns Bedürfnisse,
aber nicht genug für jedermanns Gier.
von Mahatma Gandhi

Dann wird zum Beispiel ein Geschäftsmann nur
Arbeitshilfen einstellen, wenn er solchen eine genügende
soziale Ueberbrückungshilfe leistet für den Fall, dass sein
Geschäft einmal schlechter geht, und er Leute nicht mehr
beschäftigen kann und verabschieden muss.
Oder ausnahmsweise, wenn er mit Arbeitshilfen zum
Vornherein eine nur temporäre Beschäftigung vereinbart
hat. Gegen Situationen, in welchen eine grosse
produzierende Firma unerwarteterweise, plötzlich vielen
Mitarbeitern kündigen muss, bei der viele schwer eine
andere Arbeitsstelle zu finden in der Lage sind, müssen

vorsorgend finanzielle Sicherheiten geschaffen sein.
Einerseits soll die gesammte Belegschaft Löhne erhalten
mit denen sie ihren normalen Lebensbedürfnissen und
gesellschaftlichen Verpflichtungen nachkommen können.

Andererseits müssen paralell zu staatlichen Arbeitslosen-
Unterstützungen aus sehr guten Geschäftsergebnissen
resultierende Geschäftsgewinne zur Schaffung von
Geschäfts-Sicherheitsfonds dienen.
Löhne und Boni, welche das Gehalt für einen individuell
angebracht notwendigen Lebensunterhalt überschreiten,
darf es deshalb nicht geben.
Das Interesse des Menschen wird dabei nicht der
materielle Reichtum sein.
Wichtig ist ihm ein Mitwirken und Hilfe gegenüber dem
Nächsten in der menschlichen Gesellschaft:

„Einer für Alle, Alle für Einen"..

Dies gilt auch für den Glauben.

Man lebt ja mit seinen Mitmenschen zusammen.
Nach christlichem Wissen bedeutet dies gegenseitig
vorwiegend nicht eine materielle,
sondern vor allem eine geistige Verantwortung.
Bei dieser, unabdingbare Forderung, für ein
wünschenwert ungetrübtes, segensreiches
Zusammenleben, steht die Menschheit zwischen
zwei gegensätzlichen Fronten, wie sie in
unserer Welt unterschiedlicher nicht sein könnte.

E)

Auf der einen Seite stehen die christlichen
Tugendforderungen für Frieden und Nächstenliebe,
die auch das Lebensverhalten von Treue, Ehrlichkeit,
Gerechtigkeit, Barmherzigkeit, Bescheidenheit, Demut
und Duldsamkeit umfassen.

Auf der amdern Seite stehen die **nur egoistischen
einseitigen Eigeninteressen** erfüllenden
Verhaltensweisen, Bestrebungen und Tätigkeiten,
wie Neid, Geltungssucht, Eigenliebe, Untreue,
Unehrlichkeiten, Materialismus etc.,
und dazu sogar Grausamkeiten als Mittel.

Zum Ersteren hat Gott den Menschen durch seine Boten
und Mahnern, Volksführern, wie zum Beispiel Abraham,
Moses, und den Propheten die dazu notwendigen Gebote
und Unterweisungen überbracht.

Als Krönung der göttlichen Lehren und Hilfen sandte
Gott seinen eingeborenen Sohn als den schon längst
angekündigten Messias, den Mensch gewordenen
Christus, in die Menschheit.

Seine Lehre umfasst alles , was uns Menschen **zu
allseitig unverschuldendem, göttlichen Verhalten und
Wirken** führen kann.

Zur zweiten Möglichkeit stehen dem Menschen stets die
Verlockungen zur egoistischen Erfüllung eigener
Alleininteressen, zum Teil auch durch rücksichtsloses
Verhalten gegebüber seiner Umwelt vor Augen.

Dieser Einfluss steht auf Grund der menschlichen
Unvollkommenheit und charakterlichen Schwächen
in der Möglichkeit

**der stetigen Versuchung
durch den göttlichen Widersacher**
und seiner satanischen Knechte.

In einem anderen Schriftwerk soll speziell einerseits auf
die durch Christus verkündeten und demonstrierten
göttlichen Verhaltensgebote und
Lebensvorbildshaltungen eingegangen werden.

Andererseits sollen mögliche
Versuchungs- und Einflussmöglichkeiten
des göttlichen Widersachers genannt werden.

Eigene mediale Erlebnisse

1. Traumerlebnis :
Eines Morgens erwachte ich aus einem bösen, mich
zutiefst aufwühlenden, einer Art warnenden **Traum**.
Darin erlebte ich, dass der Mitteltrakt unseres grossen
Heimes (Waisenhaus der Stadt St.Gallen), wo die Familie
der Heimverwaltung im 1.Obergeschoss ihre
Privatwohnung hatte, brennt.
Ich war ausserordentlich sehr beunruhigt und innerlich
gedrängt diese **Traumwarnung** unverzüglich der
Heimverwaltung mitzuteilen. Nach der kurzen
Morgentoilette, noch vor dem Morgenessen, begab ich
mich hinunter ins 1.Obergeschoss, durch den langen
Gebäudegang zur Wohnungstüre der Heimverwaltung.
Während ich nach der Wohnungstürglocke greifen
wollte, um zu läuten, hielt ich zuerst nochmals inne und
überlegte, wie ich das wohl sagen soll.
Auch fragte ich, wie der Heimverwalter wohl auf so
etwas reagieren könnte.

Da zwischen den "Zöglingen" und der Heimverwaltung
im Allgemeinen kein spezielles Vertrauensverhältnis
bestand, kam ich zum zweifeln, ob man dies überhaupt
ernstnehmen, gar ausschelten würde. Nach einigen
Minuten dauernden Fragegedanken traute ich nicht mehr
zu läuten. Unverrichteter Dinge verliess ich den Gang vor
der Verwalter-Wohnungstüre, und ging zum gemeinsamen Frühstück in den grossen Speisesaal. Dann ging es
wie üblich in die Stadt zur Schule, zur Mittagspause
wieder ins Heim.

Während dem Essen ruft plötzlich jemand, dass es unter
der Verwalter-Wohnung im Mitteltrakt-Treppenhaus
lichterloh brenne.
Wer konnte, holte von im ganzen Gebäude verteilten
Feuerlöschern. Die herbeigerufene Feuerwehr löschte
dann endgültig den Brand. Teile der im 1. Stock
liegenden Wohnungszimmer waren dadurch stark
brandgeschädigt. Anschliessend kam die Polizei ins
Haus um die Brandursache abzuklären. Im Treppenhaus-
Parterre-Vestibül, dort wo der Brand entstand, waren
Theaterkulissen gestappelt. Anschliessend stellte sich
heraus, dass ein 1.- Klässlerbub regelmässig in diesem
normalerweise verlassenen Mitteltraktteil, versteckt
hinter den Kullissen, mit Zündhölzchen und Kerzen
„zündelte".

Hingegen war diese Traumwarnung nicht umsonst.
Denn für mich war dies ein eindrückliches Zeichen und
ein Beispiel dafür, dass eine dafür sensible Seele in der
Lage ist, Warnungen einer geistig voraussehenden,
höheren Warte zu empfangen. Speziell Kinder, deren
seelische Sensibilität noch nicht vom Zwang weltlicher
Daseinstätigkeiten und finanziellen Erwerbsaufgaben
geprägt und davon überschattet ist, sind noch oft
empfänglich für nicht materielle, übersinnlich spirituelle
Wahrnehmungen. Leider weiss dies die Erwachsenenwelt
meist nicht zu deuten. Für mich brachte dies, wie frühere
Erlebnisse und Wahrnehmungen, so zum Beispiel eine
Traumbotschaft vor einem Jahr beim Schlaf auf der
Wiese (siehe folgenden Text) die untrügliche Erkenntnis,
dass ausserhalb unserer irdischen noch eine geistige
Ebene mit einer göttlichen, wissenden Engelswelt
existiert.

Wie ich in späteren Jahren auch feststellte,
deckt sich diese Erkenntnis mit Berichten aus der Bibel.
Diese nennt in mindestens 400 Fällen die Engel
(siehe Beispiele Tob. 5,4 ; Luk.1,11-19; 1,26; 2,9-15; Jud. 9;
(und allgemein die „Zürcher Bibel-Konkordanz"),
sowie auch die Cherube (Cherubine), die Saraphe
(Seraphine), die Erzengel, und die Sieben Söhne Gottes.

Es ist auch logisch, dass diese geistige, Gott zugehörige,
Engelswelt einen zeitlich- zukünftig, weit
voraussehenden Überblick haben muss. Und sie wird
auch, wie die Bibel vielfach berichtet, die Möglichkeit
einer spirituellen Mitteilung an Menschen haben.

2. Traumerlebnis :
An einem sonnigen Tag war ich allein unterwegs. Neben
dem grossen Areal unseres städtischen Waisenhauses gab
es einen weitläufigen, schönen Stadtpark. Dort legte ich
mich in der Wiese, unter einen schattenspendenden
Baum. Unbeabsichtigt schlief ich dabei ein.

Geraume Zeit später erwachte ich mit einem
ungewöhnlich, überaus beglückenden,
 intensiv erlebten **Traum.**

Der Traum enthielt die untrügliche Gewissheit,
dass ich als selbsbewusstes Wesen,
nie sterben und **ewig leben** würde.

Worte der Wahrheit

Sokrates : 469 bis 399 vor Christus

<< Ich wollte einen jeden dazu bringen, sich nicht eher
um irgendeine seiner Angelegenheiten zu kümmern, als
bis er sich um sich selbst gekümmert hätte, nämlich
darum, dass er möglichst gut und vernünftig würde. >>

Platon : 428 bis 347 vor Christus

<< Wenn nicht entweder die Philosophen in den
einzelnen Staaten zu königlicher Machtfülle gelangen
oder die jetzt anerkannten Könige sich aufrichtig auf die
Wahrheitssuche einlassen und dieses in eins zusammem-
fällt.:
politische Macht und Wahrheitssuche, wird es des
Unglücks kein Ende geben für die Staaten und
das ganze Menschengeschlecht. >>

Jesu Christus

<< Will mir jemand nachfolgen, der verleugne sich
selbst und nehme sein Kreuz auf sich und folge mir.
Denn wer sein Leben erhalten will, der wird's verlieren;
wer aber sein Leben verliert um meinetwillen,
der wird's finden.
Was hülfe es dem Menschen, wenn er die ganze Welt
gewänne und nähme doch Schaden an seiner Seele? >>

Die unglaubliche Macht des lebendigen Glaubens.

Beispiel Gandhi :

Gandhi war ein indischer Rechtsanwalt und politischer, sowie geistiger Führer der indischen Unabhängigkeitsbewegung, die 1947 mit dem von ihm entwickelten Konzept des gewaltfreien Widerstandes das Ende der britischen Kolonialherrschaft über Indien herbeiführte. Sein Konzept des beharrlichen Festhaltens an der Wahrheit, beinhaltet neben Gewaltlosigkeit, noch weitere ethische Forderungen wie individuelle als auch politische Selbstkontrolle und Selbstbestimmung.
Gewaltfreiheit bedeutet nicht Passitivtät; im Gegenteil, es bedeutet aktiven Widerstand zu leisten. Aus seinen Gedanken und Handeln können wir viel lernen.

Eine seiner wichtigsten Weisheiten: **Sei beharrlich!**

"Zuerst ignorieren sie, dann lachen sie über dich, dann bekämpfen sie dich, dann gewinnst du."

Mit der Zeit wird die Opposition um dich verschwinden. Aber auch der innere Widerstand und die Tendenz der Selbstbehinderung, die einen zurückhalten und dort bleiben lassen wo man ist, werden schwächer werden. Finde heraus was du wirklich am liebsten machst, dann findet man auch die Motivation um immer weiter zu gehen. Einer der Gründe warum Gandhi mit seiner Methode der Gewaltlosigkeit so erfolgreich war, weil er und seine Anhänger so beharrlich waren.

Sie haben nie aufgegeben.

Erfolg oder Sieg wird selten so schnell passieren wie man es sich wünscht. Der Grund warum viele Menschen nicht das erreichen was sie wollen, ist einfach deshalb, weil sie zu früh aufgeben. Die Zeit, die wie sie meinen notwendig sei, um das Ziel zu erreichen ist meistens geringer als in der Wirklichkeit. Dieser falsche Glaube kommt aus der Welt in der wir leben, in der uns erzählt wird, es gibt die schnelle Lösung, die Wunderpille für alles, einfach schlucken und sofort ist die gewünschte Wirkung da.

Diese Einstellung ist der Grund für viele Probleme. Nur durch Beharrlichkeit und Geduld erreicht man Resultate und mit einer guten Portion Humor wird man auch die grössten Hindernisse überwinden und schwersten Zeiten überstehen.

Beispiel „Wiedervereinigung Deutschlands"

Vier Jahrzehnte lang dauerten, von stets festem, unerschütterlichem Glauben geptägt, die unermüdlichen, mittels vielen politischen Aktivitäten und Überwindung staatspolitischer Schwierigkeiten, die Bemühungen Westdeutschlands bis zum erreichten Ziel der Wiedervereinigung Deutschlands.

Christus hat mit unerschütterlichem **Glauben und Treue** zu Gott, seinem Vater, seinen Widersacher Satan besiegt und die Erlösung der Menschheit von Ihrer Todsünde vollbracht.

Briefwechsel 1 mit Frau Erika Ebinger
26./27.Mai 2010

Betrifft meine Homepage www.alfredheim.net
betreffend meinem Buch:

„Willst Du die Wahrheit,
und nichts als die Wahrheit wissen?

Frage von Frau Ebinger:

Ihre Homepage habe ich mit Interesse gelesen; ich frage mich, wieso eigentlich Pro Beatrice diese Titel nicht verlegt hat? Oder: wieso legen Sie sie nicht dort aus?

Ich habe für jeden Fall schon mal Ihre Seite bei mir markiert.

Meine Amtwort und Erklärungen:

Nun möchte ich gerne auf Ihre Fragen zu meiner Homepage eingehen. Zum besseren Verständnis meiner Ausführungen möchte ich aber eingehend auf die dazu Rolle spielende Aufgabenstellung, Verantwortung und Zielsetzung der Verwaltung von „Pro Beatrice" eingehen.

Die „Pro Beatrice" und ihre Herkunftsgemeinschaft „Geistige Loge" haben im Laufe der vergangenen Jahrzehnte immer wieder vielerlei unangebrachte, gar den Botschaften widersprechende Tätigkeits-Vorschläge, selbst von Mitgliedern abwehren müssen.

So zum Beispiel :
Eigene persönliche Abhandlungen, Auslegungen;
Spiritistische Experimente; Wahrsagerei, etc.

Die Leitung der Gemeinschaft hat sich von allem Anfang
an, gemäss den dringenden Weisungen aus der
„Geistigen Welt", überaus konsequent und
verantwortungsvoll auf die Beschränkung der direkten
„Hohen Geistigen Botschaften" der Engelswelt gehalten.

Die anfänglich von der Gesellschaft noch empfohlene
und auch angebotene, teils von sachkundigen Mitgliedern
geschriebene „Sekundäre Literatur", wie die Bücher:

„Woher und Wohin"; „Darnach"; „Geleit von oben";
„Geborgenheit"; „Was uns erwartet";
„Vom Leben nach dem Tode"; „Ephides-Gedichte";
„Das Neue Testament" von Greber,

wurden im Laufe der Zeit nicht mehr angeboten.

Einige dieser Bücher wurden vom langjährigen Mitglied
Prof. Dr. Walter Hinz geschrieben.
Zum Teil will man offenbar möglichen
Falschverständnissen von Inhalten und Aussagearten bei
Sekundärliteratur vorbeugen. Mit der unverfälscht
wortgetreuen „Primärliteratur" der direkten „Geistigen
Botschaften" kann das sichergestellt werden.
Dies ist ein Entscheid der für das erhaltene Geistesgut
verantwortlichen menschlichen Gemeinschaftsleitung.

Es ist auch selbstverständlich, dass die „Geistige Welt"
verlangt, dass die von ihr erhaltenen Wahrheiten nur
absolut unverfälscht weitergetragen werden.
Ein weiteres Beispiel ist das von Dr. Wolfgang
Eisenbeiss kürzlich herausgegebene Buch:

Geistlehre aus dem Jenseits.

Dr. Eisenbeiss ist langjähriges Mitglied von der
„Geistige Loge" und der „Pro Beatrice".
Viele Jahre hat er als Vorstandsmitglied und Präsident
für die Gesellschaft, selbst in äusserst schwierigsten, für
die Gesellschaft lebenserhaltenden Einsätzen, gearbeitet
und gekämpft.
In den vergangenen 35 Jahren hat er in öffentlichen
Vorträgen über das „Woher und Wohin"
des Menschen und seiner Seele dotiert.
Selbst sein, oben erwähntes Buch, wird in der
„Pro Beatrice" nicht offiziell propagiert.

Dies geschieht infolge eines grösstmöglichen
Verantwortungs - Bewusstseins unserer Gemeinschaft.

Eine andere dringende Forderung der „Geistigen
Welt", an alle unsere Mitglieder,
bedeutet die Aufgabe der Weiterverbreitung des uns
geschenkten „Geistigen Wissens".

Nicht nur die Leitung unserer Gesellschaft, sondern jedes
Einzelne von uns, ist dazu aufgerufen für das erhaltene
Geistesgut einzustehen. und nach Möglichkeit weiter zu
tragen

In den Vorträgen von Lene und Josef wird immer und
immer wieder darauf hingewiesen.

Viele von uns Mitgliedern machen sich sicher stets
Gedanken, wie sie dies in konkreten Fällen tun können.
Es gibt dazu verschiedene Wege. Ein grosses Kriterium
dazu sind die verschieden vorhandenen
Lebenserfahrungen, Sinnvorstellungen und Philosophien
von Mitmenschen zu ihrem Leben. Dann gibt es
Unterschiede von intellektueller Bildung und
Informations-Ansprüchen.
Das Weitertragen des uns geschenkten Wissens fordert
deshalb auch verschiedene Wege.

Ein Weg ist das direkte Vermitteln der Zeitschrift
„Geistige Welt". Das erfordert aber in fast allen Fällen,
dass der Interessierende schon anderweitig ein
Grundwissen besitzt. Dazu sind gerade die Bücher der
„Sekundärliteratur" sehr geeignet.

Ein anderer Weg wurde versucht mit der Herausgabe des
„Kulturmagazines MUSEION".

Dieses zeigt zum Teil Geschichte und Entwicklungs-
Szenarien, die speziell die akademisch gewohnte
Gesellschaftsschicht über die Zusammenhänge zwischen
menschlichen Bestrebungen und „geistigen Einflüssen"
zum Nachdenken bewegen kann.

Solche Themen bringen zum Teil mosaikartig kleine
Wahrheitsbausteine, die langzeitig fruchtbar sein können.

Dieses „MUSEION" benötigte stets einen grossen Autorenaufwand und hat in der Folge fast keine neuen Wissensfreunde (Mitglieder) gebracht.

Ich bin überzeugt davon, dass eine mit einer einfachen Sprache gehaltene „Sekundärliteratur", zu der auch die oben genannten Bücher gehören, für das erstzeitige Erreichen von Mitmenschen sehr erfolgreich sein können.

Mir persönlich wurde je länger je mehr klar, dass wir andere Mitmenschen gut dort ansprechen können, wo sie selbst schon grosse Fragezeichen zu Aussagen und Haltungen von Landeskirchen und Sekten machen. Dabei kann man auch verständlich machen, dass Wahrheiten nicht direkt aus Schriften kamen und kommen können, sondern von derjenigen Quelle aus denen die Urschriften basierten.

Das ist die Vorstellung meines Buches, das in meiner Homepage behandelt ist.

Meine autorischen Erklärungen und Texte sind in einfachem, nicht akademischem Stil geschrieben. Ich verspreche mir, dass man so eine eigene spezielle Schicht unserer Mitmenschen ansprechen kann.

Wenn ich dieses Buch vor Verlegung zum Beispiel einem Lektor oder Germanisten übergeben hätte, Ware sicher einiges, meiner Art es zur Verständigung der Thematik zu sagen, entgegen meinen Vorstellungen, verfälscht worden.

Aus ähnlichen Beweggründen habe ich das Buch
vor dem Verlegen nicht zur Begutachtung der
„Pro Beatrice"vorgelegt. Es wären mit Bestimmtheit
Themenwahl und Art der Aussagen geändert worden.
Ich kann die Verantwortung für den wahrheitsgetreuen
Inhalt tragen.
Es basiert auch auf der Tatsache, dass ich schon
als Kind viele der Wahrheiten mit in dieses Leben
habe mitnehmen dürfen.

Ich habe diese Zusammenhänge in der
Lebensbeschreibung von „Luc", im Buch

„Ohne Tränen hätte die Seele keinen Regenbogen"

in einfacher, nicht romanspannender Sprache auch
einflechten können.

Das Buch:
„Willst Du die Wahrheit,
und nichts als die Wahrheit wissen?

bringt Mitgliedern von uns nichts Neues.
Es soll und kann ein Hilfsmittel sein zur
Allgemeinorientierung ernsthafter neuer
Interessenten.

Natürlich gibt es Freunde von uns, welche dieses Buch
zu diesem Zwecke erworben haben.

Briefwechsel 2 mit Frau Erika Ebinger
28./29. Mai 2010

Frage von Frau Ebinger:

vielen Dank für Ihre ausführliche Antwort, durch die Sie
mich über Vorgänge informierten, die ich nicht kannte.

Ein Fragezeichen ergab sich im Laufe der Jahrzehnte ab
und zu, denn ich konnte die Botschaften über die
Gemeinschaft zwischen den Zeilen nicht wirklich deuten.

Von einer Spaltung hatte ich auch nur in Andeutungen
gehört.

Und gewundert habe ich mich dann, dass z.b. die
Hinz-Bücher nicht mehr angeboten wurden.
Den ABZ-Verlag konnte ich im Internet nicht finden, das
hatte mich erstaunt. "Woher, Wohin" war der erste Text,
der mir auf offene Fragen schlüssige Antworten gab.

Aber natürlich konnte ich damals vieles nicht einordnen.
Die Zeitschrift 'Geistige Welt' wurde zu meinem
täglichen Begleiter.

Eine Frage habe ich noch, auf deren Antwort ich noch
nicht gestossen bin:

Haben sich die HOHEN GEISTER bei ihrer letzten
Durchgabe in dem Sinne verabschiedet, dass ihre
Aufgabe beendet ist und vorläufig keine anderen
Durchgaben erfolgen werden?

Meine Amtwort und Erklärungen:

Liebe Frau Ebinger,

Ihr Email (von 27.ds.) bewegt mich, Ihnen, als Freundin unserer Gemeinschaft, Ehrschätzende und Leserin der Botschaften der Zeitschrift „Geistige Welt", gemäss meinem Wissen und Beurteilungsmöglichkeit, zu Ihren Fragen betreffend der Gemeinschaft, zu antworten.

Die Gemeinschaft organisierte sich anfangs, nach dem Schweizerischen Vereinsgesetz, als demokratische Organisation, unter dem eigentlich schönen Namen „Geistige Loge".

Regelungen und Beschlüsse wurden statutengemäss nach dem Schweizerischen Vereinsgesetz bestimmt.

Das funktionierte solange die Vereinsmitglieder das notwendige Vertrauen in die Vereinsleitung besassen, dass dem Vereinsziel getreu Folge geleistet wurde. Sicherste Garantie dafür war die Mitsprache der „Geistigen Welt", in Vorstandssitzungen der Gemeinschaft.
Mit dem Hinschied unserer Mittlerin Beatrice Brunner am **20. September 1983** änderte diese Situation.

Dazu hat Geistlehrer Josef in seiner Ansprache vom **22. 5. 1983**, also vier Monate bevor Beatrice aus diesem Leben abberufen wurde für die nun dadurch notwendige neue Regelung der Vereinsführung gesorgt.
Siehe hierzu die beiliegende Kopie seiner Ansprache vom 22.5.1983 (Siehe unten Seiten 176 bis 189.).

Mit der darin verwendeten Bezeichnung **„Schreiber",**
ist der Gatte von Beatrice, Arthur Brunner gemeint.

Er hat in den vielen Jahren der medialen Tätigkeit seiner
Frau stets alle „Geistigen Vorträge" auf Medienträger
aufgenommen und für die Zeitschrift „Geistige Welt"
niedergeschrieben.
Auch war er Mitglied des Vorstandes und hat dabei für
die laufende Organisation der Vorträge gesorgt.

Und die „Geistige Welt" hat aber auch schon frühzeitig
erkannt, dass er sich deshalb einmal vorstellen könnte,
Erbe des betreffenden „Geistigen Eigentumes" zu sein.

Gemäss dem oben genannten Vortrag hat aber die
„Geistige Welt" ein anderes geeignetes Mitglied
vorgesehen und auch vorgeplant.

Robert Sträuli war auch schon
längere Zeit Mitglied des Vorstandes.

Deshalb entstand nach Abschied von Beatrice Brunner
ein unangenehmer Streit, der nur mit beispielhaftem
juristischem Einsatz, hauptsächlich durch Dr. Eisenbeiss
mit dem damaligen Vorstand, zu der von der „Geistigen
Welt" vorgesehenen Lösung geführt werden konnte.

Mit der neuen Lösung, nämlich der Uebertragung der
Verantwortung auf einen nach Beurteilung der
„Geistigen Welt" geeigneten Leiter musste eine andere
Organisationsform als die einer demokratischen
Vereinsstruktur geschaffen werden.

Es wurde der **Freundeskreis „Pro Beatrice"** gegründet.
Darin trägt dessen Leiter, als Eigentümer des
Botschaftsarchives, mit der Unterstützung eines die
diversen administrativen Aufgaben teilenden
„Vorstandes" die Haupverantwortung zur unverfälschten
Erhaltung und einem weitmöglichstem Weitertragen des
Geitesgutes.

Mit Voraussicht der „Geistigen Welt" wurde schon
frühzeitig an die früher oder später kommende Situation
gedacht.
Im Sonderdruck zum 2. September 1983 teilte Walter
Hinz als Vorstandsmitglied folgendes mit:

„Wir wissen, dass wir nicht verwaist zurückgelassen
sind; das hat die Gotteswelt uns versprochen".
Wenn wieder Ruhe über die Gemeinschaft gekommen ist
>> wenn innere und äussere Ruhe vollkommen ist <<,
wie Josef einst vorausschauend sich ausdrückte - dann
werde eine mediale Tätigkeit wieder möglich sein.

>> Wir geben das Zeichen hierfür! <<.

Ich mag mich erinnern, dass uns Josef auch einmal
wissen liess, dass wir durch die 35 Jahre so viel
beglückendes Wissenswertes erfahren durften, dass im
Moment kein Bedürfnis besteht für weitere Erkenntnisse
und Belehrungen aus der göttlichen Welt.
Dem muss ich mehr als nur 100%ig zustimmen. Das uns
geschenkte Wissen und die Lebensanweisungen sind
derart immens, dass wir dies selbst über längere Zeit
nicht erschöpfend zu verarbeiten vermögen.

Auch äusserte er sich dahin, dass sich die Geistige Welt,
selbst wieder melden wird, wenn später weitere
Botschaften angebracht sein würden.

**Nun darf ich Ihnen auch meine Einstellung
zur heutigen Leitung der
Gesellschaft „Pro Beatrice" mitteilen.**

Einerseits bin ich davon überzeugt, dass eine Führung
durch eine Einzelperson dann viel erfolgsversprechender
ist; wenn diese Person weit möglichst, die gestellten
Aufgaben, das heisst dieses Amt nach bestem Treu und
Glauben versieht.

Sehr schlecht aber wignen sich solche Lösung nur, wenn
daraus eine Art Diktatur mit egoistischen, oder
machtpolitischem Verhalten wird.

Wir haben speziell in der vorchristlichen Geschichte
positive Beispiele dafür. Das eine mit Moses Moses, und
eines später mit Salomo, mit dem damaligen
Israelitischen Volk.

Die Geistige Welt hat hier zu einer geeigneten Führung
gesorgt.
Auch die notwendigen Vorkehrungen für weitere,
nachfolgend notwendige Führungspersonen hat sie
getroffen.
Doch sind wir uns alle sicher bewusst, dass dies dabei
alles stets „ nur Menschen" sind.
Menschen, die wie wir alle noch unvollkommene Wesen
sind und Fehler machen können.

Die von der Geistigen Welt zu solchen Aufgaben
auserlesenen Mitmenschen weisen auf Grund ihrer
Entwicklung und positivem Willen aber doch eine Art
Garantie und grosse Sicherheit dafür auf, das sie ein
solches Amt optimal erfüllen werden.

Wenn gewisse Unebenheiten geschehen,
dann habe ich teilweise ein Verständnis dafür.
Man kann eben Lebensaufgaben nicht nur
„**lau vernachlässigen**", sondern auch „**überteiben**".

Beide Möglichkeiten können in geschwächter oder in
schwererer Form vorkommen.

Wichtig ist für mich,
die **Schätzung und Dankbarkeit zu dem
umfangreichen Geistesgut**,

und ein möglicher Beitrag
gemäss den Hinweisen der Geistigen Welt.

Liebe Frau Ebinger,

ich hoffe für sie, dass sie sich von den unerwarteten
gesundheitlichen Störungen gut erholen
und dass sie mit meinen Ausführungen etwas anfangen
können,

mit herzlichen Grüssen : Alfred Heim.
alfred.heim@bluewin.ch

Änsprache Josefs zur Generalversammlung

vom Pfingstsonntag, dem 22. Mai 1983,
im grossen Tonhallesaal Zürich .
(Beilage zu obigem Brief)

Josef: Meine lieben Geschwister, ich begrüsse euch alle, die ihr zu dieser besonderen Stunde von weit her zugereist seid. Es ist aber auch etwas Besonderes, das ich euch zu sagen habe. Ich habe nicht mehr Gelegenheit, in der Weise zu euch zu reden, wie ihr es bisher erleben konntet. Doch möchte ich gleich zu Anfang mit aller Bestimmtheit sagen: *Ich bin Josef!* Es soll nicht nachher gesagt werden: "Das war nicht Josef?' Dass ich es bin, werdet ihr an meinen Worten erkennen, wie ich sie jeweils auch sonst zum Ausdruck bringe. Auch werde ich die Gelegenheit haben, etwas zu sagen, woran man mich ebenfalls erkennen wird.

In erster Linie möchte ich folgendes betonen:
Man soll nicht meinen, dass ich anderswo reden würde.
Es ist auch niemandem Auftrag gegeben worden, in meinem Namen etwas auszurichten oder in meinem Namen zu wirken! Wenn eure Schwester [Beatrice] nicht mehr [als Mittlerin] zu euch spricht, komme ich auch zu niemandem sonst. Das ist die Treue, die man einem Menschen hält, der einem jahrzehntelang zur Verfügung gestanden hat.

In dieser Beziehung möchte ich auch folgendes zum Ausdruck bringen: Ich habe jahrzehntelang zu euch gesprochen — ich habe die *Wahrheit* unter euch gebracht. Doch die Gemeinschaft von heute ist nicht mehr die Gemeinschaft wie vor Jahrzehnten!

Damals, zu allem Anfang, bestand sie aus zehn, aus zwanzig Personen. Dann wurden es fünfzig, dann hundert Personen. So sind immer mehr dazugekommen. Die Gemeinschaft ist heute gross geworden — so gross!

Immer habe ich euch prophezeit: Die Gemeinschaft wird wachsen, sie wird grösser werden — immer noch grösser wird sie werden!

Notwendigkeit einer straffen Führung

Dies sage ich euch: Wo sich Menschen zu einer Gemeinschaft zusammenschliessen — sei es eine caritative oder auch eine religiöse Gemeinschaft—, wird es immer und überall Probleme geben! Probleme aber sind dazu da, dass man sich, - und dies gilt hauptsächlich für Christen, über sie ausspricht. Alles, was der Gemeinschaft irgendwie schaden könnte, soll man von ihr fern halten, alles was ihr zum Nutzen gereicht, soll man fördern. Da die Gemeinschaft gross geworden ist, bringt es auch mit sich, dass für sie **eine ganz andere Führung** vonnöten ist. Im Verhältnis zu heute waren es damals ja nur wenige Menschen, die zusammengekommen waren. Dementsprechend muss die Gemeinschaft heute straff geführt werden!

Wenn ihr Ordnung haben wollt, muss eine führende Hand, *eine führende Person* da sein, die die Gemeinschaft führt. Ohne diese führende Person kann eine Gemeinschaft nicht gedeihen.

Es GEHT DOCH NUR DARUM, DAS GEISTIGE GUT ZU BEWAHREN, ES ZU VERWALTEN UND DIE WAHRHEIT UNTER DIE MENSCHEN ZU BRINGEN

Denn wo viele Menschen sind, gibt es auch viele Meinungen - und dass diese vielen Meinungen nicht unbedingt die *richtigen* Meinungen sind, ist wohl [jedem] verständlich.

In diesem Zusammenhang möchte ich noch folgendes sagen: Eure Schwester [Beatrice] hat euch zu Diensten gestanden — zu *jeder* Zeit! Auf ihre Gesundheit oder auf ihr persönliches Wohlergehen nahm man *nie* Rücksicht! Das muss euch zum Vorwurf gemacht werden!

Ja man sagte sogar:

"Die Geistige Loge ist mir alles, bedeutet mir alles?'

Aber von der Schwester sprach man nicht — die war nebensächlich. Auch bei Unpässlichkeit hatte sie da zu sein. *Sie hat sich aufgeopfert.*

Sie hat ihre Leistungen vollbracht.

Durch sie ist ein Werk entstanden, und *dieses Werk muss bestehen bleiben.*

Dafür werden auch wir besorgt sein.

Darum ist heute die Stunde, in der ich euch einiges zu sagen habe. Von meinen geistigen Geschwistern habe ich immer Unterstützung bekommen — daran bin ich gewöhnt. Schon so manchen Kampf habe ich durchgefochten! Ich habe mich nicht gescheut, gewisse Mitglieder ganz energisch ins Gebet zu nehmen. Energisch habe ich mit ihnen gesprochen — es wäre heute nicht das erstemal!

Denn es geht um eine *grosse Sache.* Wo Gottes
Wohlgefallen auf etwas ruht, ist auch die Kraft
vorhanden — dort wird geholfen; das Gute wird
gefördert. So muss es sein:
Diese Gemeinschaft muss *wachsen.*

Zum Saalneubau

Ich weiss: Einige — ich sage: einige — sind darüber
enttäuscht, dass dieser Saalbau nicht schon fertig dasteht.
Dazu möchte ich sagen: Überlegt doch einmal!
In der Schöpfung Gottes hat es Milliarden von Jahren
gedauert, bis die Entwicklung überhaupt einmal soweit
war wie heute! Nun müsst auch ihr jetzt die Geduld
aufbringen, noch etwas zuzuwarten.
Denn bis jetzt hat die Zeit nur für *euch* gearbeitet
— nur *für* euch war die Zeit!

Unsere Freunde haben vorgesorgt, dass euch diese
geistigen Werte auch in Zukunft erhalten bleiben.
Weiter möchte ich folgendes bemerken: Jedes Land hat
nun einmal seine eigenen Gesetze, und so hat auch dieses
Land [die Schweiz] wahrhaftig seine eigenen Gesetze.
Man meinte zudem, man könnte einen Saalbau errichten
und müsste dort keine Wohnungen bauen.
Diese Vorschrift wollte man umgehen und hoffte auf eine
Ausnahmebewilligung. Diese Ausnahmebewilligung
wurde jedoch nicht erteilt, weil es den Behörden mehr
um Wohnungen geht.

Die Behörden haben euch gesagt:
"Ihr könnt ohne weiteres einen Saal bauen, wenn ihr
dafür auch genügend Wohnungen baut".

Dazu möchte ich euch zu bedenken geben:
Wohnungen kosten Geld. Für sie braucht es also mehr
Geld. Was aber hättet ihr wohl gesagt, wenn man [ohne
weiteres] solche Wohnungen erstellt hätte?
Ihr hättet gesagt: "Wir haben gespendet für den Saal,
aber nicht für Wohnungen!"
Nach Ordnung und Gesetz hättet ihr nicht gefragt!

Heute ist es den Freunden möglich, diesen Saalneubau zu
errichten, wenn sie gleichzeitig die Wünsche der
Baubehörden erfüllen. Es müssen also Wohnungen
erstellt werden - dann bekommt ihr auch euren Saal.
Dann habt ihr euer *Zuhause,* wie ich es euch längst schon
prophezeite. Wenn es Mitglieder gibt, die behaupten,
dieser Saal käme nie zustande, so ist das eine *Lüge!*
Nachdem ihr meine Worte vernommen habt, werdet ihr
Vorschläge hören, was man für den weiteren Aufbau der
Gemeinschaft zu tun gedenkt.
Uns geht es doch nur darum

**das geistige Gut zu bewahren, es zu verwalten
und die Wahrheit unter die Menschen zu bringen.**

Erwähnen möchte ich noch etwas, worüber Menschen
nur selten Bescheid wissen. Man sagt und klagt und
jammert: "Warum lässt der liebe Gott die Schrecken in
der Welt zu? Warum schreitet er nicht ein? Er hätte doch
Gelegenheit dazu". Die Wahrheit ist die — das habe ich
euch schon längst erklärt: Der Teufel ist der Fürst dieser
Welt; *er* regiert diese Welt. Sobald einem dies endlich
klar wird, begreift man auch den Unfrieden, die
Hinterhältigkeiten, die Lügen, die Erpressungen, die
Morde; denn all dies ist des Teufels Werk!

Die Gesinnung des Christen hingegen muss sich auf Christus hin ausrichten!
Ihr müsst euch mit eurem Denken und Wollen an das halten, was Christus gelehrt hat.
Im Laufe der Zeit durfte ich euch so viele Erklärungen geben! Ich durfte euch die *Wahrheit* bringen. Bis diese Wahrheit unter die Menschen kommt, kann es noch einige Jahrzehnte dauern. Aber alles muss einmal seinen *Anfang* nehmen. Auch die Menschheit nahm einmal ihren Anfang
— *alles* nimmt seinen Anfang. Christus wäre ja umsonst am Kreuz gestorben, wenn sich dieser Erlösungsplan nicht erfüllte. Christus ist jedoch *nicht* vergebens gestorben! Christus hat die Menschheit erlöst —
dies sollte man sich wirklich zu Herzen nehmen.
Darüber sollte man sich Gedanken machen!

BEI UNSEREN ZUSAMMENKÜNFTEN SOLL MAN SICH NICHT NEBENBEI MIT HANDLESEN, MIT PENDELN, MIT ASTROLOGIE, UND WAS ES DER ART NOCH GIBT, BEFASSEN - DENN DAS IST UNTERHALTUNG

Was sind denn schon zweitausend Jahre im Vergleich zu den Milliarden von Jahren, die es brauchte, bis es überhaupt zu einem *Menschsein* kam!
Darüber soll man nachdenken!
So werden meine Freunde künftig versuchen, alles so aufzubauen und herzurichten, dass suchende Menschen Erbauung und Erleuchtung finden können. Denn sie müssen nun [geistige] Nahrung, geistiges Brot aus der Wahrheit gewinnen, die wir ihnen im Laufe der Jahre gebracht haben.

Verfügung über das Geistesgut

Jetzt komme ich noch auf einen besonderen Punkt zu sprechen.

Was die *straffe Führung* der Gemeinschaft anbelangt:
Sie muss *unbedingt* durchgeführt werden! Jetzt, in dieser
Stunde, möchte ich euch [in diesem Zusammenhang]
sagen:

An einer Vorstandssitzung (16. Januar 1978)
habe ich den Sohn unserer Schwester,
Robert Sträuli gefragt, ob er bereit sei,
das *geistige Erbe* zu übernehmen.
Er hat sich dazu entschlossen.
Er und seine Frau - beide haben sich

dazu entschlossen, das weiterzuführen, was ihre Mutter
begonnen hat. Ich habe auch deutlich erklärt, dass dieses
Werk ohne Bezahlung durchgeführt werden müsse; dass
wohl Unkosten, die man hat, bezahlt und Aufwendungen,
die notwendig geworden sind, erstattet werden; dass alles
in dieser Ordnung vor sich gehen muss.

Von der ersten Stunde meines Wirkens an habe ich für
mein geistiges Eigentum gekämpft.
Das besagt: Die Schwester haben wir dazu inspiriert,
dass sie sich für ihr persönliches geistiges Eigentum
einsetzt.

Es ist ihr geistiges Eigentum
und niemandes anderen sonst!'

Es gehört nicht dem Schreiber! Wohl mag es
verschiedene Menschen geben, um das Wort
niederzuschreiben; aber nicht häufig findet man
Menschen, die [durch solch mediale Begabung] die
Wahrheit unter die Menschen zu bringen vermögen.

Die das geben können,- die sind nicht vorhanden,
während ihr Schreiber wohl finden könnt.
So verbleibt dieses Eigentum nun dem geistigen Erben,
dem auferlegt wurde, dafür zum Rechten zu sehen und es
unter die Menschen zu bringen.
Dies ist auch mit *Aufopferung* verbunden.

Man kümmert sich wenig darum, was mit dem *geistigen*
Gut geschieht. Man fragt nicht:
        "Auf welche Art und Weise
     gedenkt ihr das geistige Gut zu verarbeiten?"

Ich weiss — und ich schätze mich glücklich —,
  dass es Freunde gibt, die die hohen Werte dessen
[wirklich] anerkennen, was ich euch zu geben habe.
Das weiss ich.

Aber wo Menschen sind, wird es unter ihnen immer
welche geben, die unzufrieden und unharmonisch sind.

Solche sehen am liebsten nur das Negative und reden von
Fehlern ihrer Mitmenschen, statt dass sie versuchten,
diesen dazu zu verhelfen, dass sie *keine* Fehler machen,
indem sie ihnen beratend beistehen.
  Nein — sie reden lieber über Fehler!

Bisher betonte ich an jeder Generalversammlung oder
Hauptversammlung — wie ihr sie auch nennen mögt —
immer wieder: Ihr sollt von der Gemeinschaft alles
abwenden, was ihr irgendwie schadet. Das muss man tun.
Und ihr sollt alles fördern, was für die Gemeinschaft gut
ist. Das ist unsere Bitte:

Fördert alles,
was der Gemeinschaft dient und für sie gut ist!

»Unterhaltung hat mit dem Erringen
höherer Erkenntnis nichts zu tun«

Dass es nicht leicht ist, eine so grosse Gemeinschaft zu
leiten und zuführen, möchte ich euch an folgendem
erläutern: Es wäre unser Wunsch, dass Freunde, wenn sie
zusammenkommen, sich über geistige Dinge, über die
Wahrheit aussprächen. Bei solchen Zusammenkünften
soll man sich nicht nebenbei mit Handlesen, mit Pendeln,
mit Astrologie, und was es der Art noch gibt, befassen
— denn das ist *Unterhaltung,* liebe Geschwister!
Unterhaltung aber braucht ihr nicht.

Wenn ihr um höhere Erkenntnis ringen wollt, dann sollt
ihr nach der *Wahrheit* suchen!
Wir haben nichts dagegen, wenn ihr Gefallen daran
findet, zu pendeln, Astrologie zu betreiben und
dergleichen mehr zu tun; aber das sollt ihr gesondert
machen. Das ist eine Sache für sich; das hat mit dem
Ringen um höhere Erkenntnis in unserem Sinne *nichts* zu
tun, sondern ist Unterhaltung. Solche Unterhaltung könnt
ihr ja auch in eurem Fernsehen miterleben; das kann für
die Menschen unterhaltend sein.

Wenn man jedoch vom Geistigen spricht und versucht,
den Menschen die Wahrheit darzulegen
dann muss eine andere Einstellung,
ein anderes Denken vorhanden sein.

Dabei kann man sich nicht zugleich unterhalten, sondern man verinnerlicht sich — und das ist das, was wir anstreben. Darum ist es notwendig, dass ich euch dieses sage — und dass dies auch *strikte* durchgeführt wird. So betone ich: Wenn es euch darum geht, anderes zu betreiben, dann müsst ihr dazu eben ein besonderes Treffen veranstalten — das hat mit uns dann nichts mehr zu tun! Dies möchte ich in aller Deutlichkeit sagen.

»Die Dinge der Gemeinschaft sind in Ordnung! «

Dann habe ich noch folgendes vorzubringen:
Früher genügte es, dass man dafür sorgte, dass das Weltliche, das es in einem jeden Verein gibt, in Ordnung ging [indem man Revisoren aus der Gemeinschaft wählte]. Bei dem Ausmasse, das die Gemeinschaft heute angenommen hat, genügt es nicht mehr, die Dinge so wie früher überprüfen zu lassen. Hierzu müssen Menschen herangezogen werden, die ein [ausgewiesenes] Können haben, die dafür einstehen und die der Gemeinschaft darlegen können, dass die Dinge in Ordnung sind.

Dazu möchte ich jetzt sagen:

Die Dinge sind in Ordnung!

Das möchte ich gewissen Leuten
klar und deutlich sagen.

»Auf einen Gönner gibt es zwei Neider«

So wird die Gemeinschaft in der Entwicklung ihren Fortgang nehmen. Sie wird sich entfalten! Ihr sollt euch darüber freuen, dass eine Gemeinschaft von der Art entstanden ist und dass ihr mit dabei sein könnt. Darüber sollt ihr euch freuen! Ihr sollt die Gemeinschaft *unterstützen* in allen Dingen, die für die Gemeinschaft förderlich sind.

ICH WACHE ÜBER EUCH!

Und ihr sollt allen Schaden von ihr abwehren. Vergesst nicht: Wo viele Menschen sind, gibt es viele Meinungen! Vergesst nicht, was wir euch längst gesagt haben:

Auf einen Gönner gibt es zwei Neider!

Denkt daran!

Wir unsererseits versuchen, die Gemeinschaft zu unterstützen und zu fördern und den Freunden die Kraft zu spenden, die sie notwendig brauchen. Prüfungen hat es immer gegeben, und Prüfungen wird es immer geben. So habe auch ich schon *manchen Kampf* ausgefochten.

So musste ich auch in dieser Stunde mit euch reden. Man hat mir bis jetzt Vertrauen geschenkt. Ich habe euch die Wahrheit gebracht, und ich bürge auch für diese Wahrheit. Ich bürge dafür, dass alles, wie es ist, richtig ist. Man täte besser daran, auf das Gute zu hören, als sich am Negativen zu erlaben!

Mahnende Worte

Es werden Freunde da sein, die über meine Worte
erstaunt sind; aber es ist nötig gewesen, dass ich sie zum
Ausdruck brachte. Eines möchte ich euch sagen:
Ich verlasse euch nicht! ich wache über euch!

Es kann euch auch eine Antwort gegeben werden.

**Zur richtigen Zeit, zur rechten Stunde werdet ihr
das für euch Massgebliche vernehmen!**

Ich möchte euch mahnen:

Steht zusammen! Haltet zusammen!
Baut auf und reisst nicht nieder!
Entfaltet die Gemeinschaft zu etwas Grossem,
zu etwas Gewaltigem!

Der Samen dafür ist gegeben, die Möglichkeiten dazu
sind geschaffen. Denkt dabei nicht nur an die Stunde,
wann der Bau wohl fertig sein wird. So schnell geht es
auch wiederum nicht. So rasch sind eure Behörden mit
ihren Genehmigungen eben nicht zur Hand. Alles braucht
seine Zeit — auch für den geistigen Aufstieg eines jeden
Menschen braucht es seine Zeit. Beim einen oder andern
braucht es wahrhaftig viel Zeit, bis er einsichtig wird!

Liebe Geschwister, ich habe euch erklärt:
Alles ist in Ordnung! Ich habe euch gesagt:
Ich werde nicht anderswo sprechen!
Das habe ich euch heute gesagt — merkt euch das!

Weil ich solche, etwas harte Worte gebrauchen musste,
soll man nachher nicht sagen: "Ja, das war nicht Josef!"
Das *war* Josef! Denn nur Josef weiss, dass man sagte:
"Mir bedeutet die Geistige Loge alles —
und die Schwester nichts!"
Auch dies muss gesagt werden; darüber sollt ihr euch
Gedanken machen.
Ihr besitzt so viele geistige Werte! Über Jahrzehnte hin
stehen euch so viele kostbare Werte zur Verfügung! Sie
müssen nur verarbeitet werden, und dazu braucht es eben
Freunde - Freunde, die sich mit diesem Geistesgut
[innerlich] auseinandersetzen und die dieses Geistesgut
verwerten.
Wohl ist es recht und gut, hierherzukommen und
zuzuhören. Aber es geht nicht ohne eine

***führende Hand* oder ohne *führende Hände*.**

Je grösser eine Gemeinschaft ist — dies betone ich erneut
—, umso notwendiger wird eine straffe Führung,
    damit sich alles in Harmonie abspielen kann.

Nun, liebe Geschwister, ziehe ich mich zurück.
Ich wache aber über euch!

Jch überlasse euch dem Segen Gottes. Es ist eure
Aufgabe, euer Herz und eure Seele den Höhen entgegen
zu heben, auf dass dieser Segen zu euch gelangt.

Denn wer Frieden zu geben, wer Harmonie zu verbreiten
vermag, dem wird Harmonie und Frieden zuteil —
so wie Christus seinen Jüngern sagte:

"Gehet hin und begrüsset die Bewohner mit den Worten:

'Friede sei mit euch"; „Nimmt man diesen Gruss von
euch nicht an, dann schüttelt den Staub [eurer Füsse] vor
sie hin, und der Friede wird zu euch zurückkehren?"
(Vgl. Matthäus 10, 12—14.)

Dazu sage ich: So ist es auch mit euch! Wer Frieden,
Harmonie und für die Gemeinschaft Entfaltung zu
bewirken vermag, dem wird Harmonie und Frieden
zuteil. Ihm wird gegeben in dem Masse, wie er selber
gibt. Das ist ein geistiges Gesetz. Vergesst nicht:
Der Gesinnung gemäss gehört ihr zu Christus — und
Christus heisst Güte, heisst Liebe, heisst Barmherzigkeit,
heisst Gnade. Wollt ihr denn euch dem entziehen?

So verabschiede ich mich von euch. Diese Stunde wird
ihren weiteren Verlauf nehmen. Wer etwas zu
beanstanden hat, der hat es schriftlich vorzubringen.

*Mediale Ansprache des geistigen Lehrers Josef durch
Frau Beatrice Brunner,
in Anwesenheit von sieben Vorstandsmitgliedern,
gehalten am 6. Mai 1983 für die Generalversammlung
vom 22. Mai 1983 (Tonbandwiedergabe);
Erstveröffentlichung (1536. Vortrag Josefs in GW).*

Liste der Literaturquellen.

Bücher/Zeitschriften erhältlich bei Pro Beatrice, Zürich.

-- Buch „Erkenntnisse zu Jesus" /   ISBN 385516004
– Buch „Salomo"   ISBN 3855160074
-- Bücher „MEWO"   div. Jahrgänge
-- M   = Kulturmagazin MUSEION div. Jahrgänge
– GW = Zeitschrift „Geistige Welt" div. Jahrgänge.

Buch / Bild erhältlich beim Autor

.. – Buch „Willst du die Wahrheit,
        und nichts als die Wahrheit wissen?"
        ISBN 978-3-8334-8318-9
.. – Bild „Siebenarmiger Leuchter"

Autor : Alfred Heim, Stein AG
        alfred.heim@bluewin.ch